C.H.BECK WISSEN

Kein anderer Orden war so umstritten wie die 1540 gegründete Gesellschaft Jesu. Dass die Jesuiten keine Ordenstracht tragen, also äußerlich nicht erkennbar sind, nicht in Klöstern wohnen, ein weltweites Netzwerk mit mächtigen Generälen an der Spitze bilden und dem Papst unbedingten Gehorsam schwören, machte sie lange Zeit für ihre zahlreichen Gegner – von Aufklärern bis hin zu Nationalisten – zur Projektionsfläche von Verschwörungstheorien. Markus Friedrich erzählt die Geschichte der Gesellschaft Jesu von der Gründung durch Ignatius von Loyola über ihre Führungsrolle in Wissenschaft, Kultur, Mission und Politik im Zeitalter des Barock und die Zeit der Anfeindung und Aufhebung im 18. Jahrhundert bis zur Gegenwart. Besonderes Augenmerk gilt dabei den kulturprägenden Leistungen des Ordens, denn mit ihren humanistischen Kollegien, ihrer Spiritualität und ihrer weltweiten Mission haben die Jesuiten weit über ihre Kirche hinaus die moderne Welt mitgestaltet.

Markus Friedrich ist Professor für Europäische Geschichte der Frühen Neuzeit an der Universität Hamburg. 2011 wurde er mit dem Heinz-Maier-Leibnitz-Preis der DFG ausgezeichnet.

Markus Friedrich

DIE JESUITEN

Von Ignatius von Loyola bis zur Gegenwart

C.H.Beck

Für Luise

Mit 6 Abbildungen und 2 Karten

Originalausgabe

www.chbeck.de
Satz: C.H.Beck.Media.Solutions, Nördlingen
Druck und Bindung: Druckerei C.H.Beck, Nördlingen
Reihengestaltung Umschlag: Uwe Göbel (Original 1995, mit Logo),
Marion Blomeyer (Überarbeitung 2018)
Umschlagabbildung: Emblem der Jesuiten an der Kanzel ihrer
Hauptkirche «Il Gesù», Rom, Steinmosaik, 17. Jahrhundert,
© akg-images/Nimatallah
Printed in Germany
ISBN 978 3406 77544 4

myclimate

klimaneutral produziert
www.chbeck.de/nachhaltig

Inhalt

Einleitung

Am 27. September 1540 erließ Papst Paul III. in Rom eine Urkunde, die wie üblich nach ihren lateinischen Anfangsworten heißt: *Regimini militantis*. Darin erzählte der Papst, wie zehn Männer aus vielen Regionen Europas, allesamt studiert und zu Priestern geweiht, vor einiger Zeit nach Rom gekommen waren. Sie kannten sich bereits seit Längerem und hatten gemeinsam das Wort Gottes verbreitet und sich um Bedürftige gekümmert. Um solche Projekte in Zukunft noch besser verwirklichen zu können, hatten sie nun entschieden, gemeinsam nach bestimmten Regeln leben zu wollen. Eine erste «Kurzfassung» dieser Regeln (*Formula Instituti*) hatten sie dem Papst übermittelt. Dieser würde, so hofften die zehn Weitgereisten, ihre Überlegungen gutheißen, in eine päpstliche Urkunde aufnehmen und ihnen damit Rechtsverbindlichkeit verleihen. Paul III. tat ihnen nach kurzer Überlegung den Gefallen und erhob damit die Gemeinschaft der zehn ersten Jesuiten zu einer päpstlich sanktionierten, offiziell begründeten Institution. Die Gesellschaft Jesu, die Societas Jesu (SJ), der Jesuitenorden war geboren.

Zweihundertdreiundvierzig Jahre später, am 21. Juli 1773, veröffentlichte ein anderer Papst, Clemens XIV., wiederum ein wichtiges Dekret, diesmal genannt *Dominus ac redemptor*. Damit endete die Geschichte des Jesuitenordens, denn der Papst hob ihn mit dieser Urkunde auf. Es hätten sich, so stand darin, zahllose Streitigkeiten um die Gesellschaft Jesu herum entwickelt, und zwar sowohl hinsichtlich ihrer internen Verhältnisse als auch in Bezug auf ihr Wirken in der Welt. Keines der «Heilmittel», die seine Vorgänger angewandt hatten, habe die Konflikte um die Jesuiten beseitigen können. Um die «Ruhe» innerhalb der Kirche wiederherzustellen, so Clemens, habe er sich entschlossen, den Orden aufzulösen. Es sollte keine Jesuiten mehr geben. Der Papst betonte in seinem Breve zudem, dass er damit letztlich dem Drängen mehrerer Fürsten nachgab. In Portugal, Frankreich, Spanien und Sizilien sowie Parma war die Gesellschaft Jesu nämlich durch die Herrscher bereits verboten worden. Nun zog der Papst nach.

Doch dies war nur das vorläufige Ende. Am 7. August 1814, traumatisiert durch die Revolution in Frankreich und gezeichnet von zweieinhalb Jahrzehnten Krieg in Europa durch Napoleon Bonaparte, verkündete Pius VII. die Bulle *Sollicitudo omnium ecclesiarum*. Wie der Papst berichtete, hatte ein kleines Häufchen von Jesuiten im fernen Russland das Ordensleben fortgeführt. Schon 1801 hatte er die russischen Jesuiten in ihrer Existenz bestätigt. Auch der ehemalige Jesuitenvernichter, der Herzog von Parma, war inzwischen reumütig geworden und hatte seit 1794 de facto die Wiederaufrichtung des Ordens in seinen Territorien erlaubt. Nun, nach den «jüngsten Schwierigkeiten und Konfrontationen» der letzten Jahre, nach den Umbrüchen durch Revolution und Krieg, schien es der römischen Kurie geboten, die einst verschmähten Jesuiten neu zu begründen. Die Gesellschaft Jesu war wiederauferstanden.

Noch einmal fast zweihundert Jahre später, am 13. März 2013, wurde der Argentinier Jorge Mario Bergoglio in Rom zum Papst gewählt. Er ist der erste Jesuit in diesem Amt. Bergoglio nahm den Namen *Franziskus* an. Nach einem jahrhundertelangen Auf und Ab, so scheint es, hat die Gesellschaft Jesu damit endgültig ihre Verankerung im Zentrum des römischen Katholizismus erreicht.

Das vorliegende Buch fasst die Geschichte des Jesuitenordens über fast fünfhundert Jahre hinweg zusammen. Es behandelt seine Leistungen genauso wie die Schwächen, über die die Ordensmänner mehr als einmal gestolpert sind. Glanz und Elend liegen in dieser Geschichte oft sehr nahe beieinander, und es wäre unredlich, den Orden entweder unkritisch zu verklären oder pauschal zu verteufeln. Genau das freilich passiert nach wie vor zu oft. Schon eine kurze Suche im Internet führt eher zu wirren Verschwörungstheorien oder hagiographischer Lobhudelei als zu verlässlichen Informationen. Von solcher Polemik wie Apologetik grenzt sich dieses Buch als nüchterne Übersicht ausdrücklich ab.

1. Von den Wüstenvätern zur Gesellschaft Jesu: Die Jesuiten, die Tradition und die Moderne

Die Jesuiten kamen nicht aus dem Nichts. Ihre Gründung war kein vollständiger Neuanfang, auch wenn es angesichts ihrer aufsehenerregenden Leistungen so scheint, als sei damit in der Christentumsgeschichte ein neues Kapitel aufgeschlagen worden. Orden hat es im Christentum schon lange vor 1540 gegeben. Wegweisend waren die «Wüstenväter» in Ägypten seit dem 4. Jahrhundert gewesen. Entweder alleine in Einsamkeit oder aber gemeinsam in streng hierarchisch strukturierten Gemeinschaften («Klöstern») lebten damals die ersten Mönche im Tal des Nils. Sie widmeten sich im Rückzug vom normalen Alltagsleben und in Überbietung «gewöhnlicher» Frömmigkeitsformen allein dem Leben für Gott. Von Ägypten breitete sich die Tradition bald nach Gallien und Italien aus, wo im 6. Jahrhundert (angeblich) ein Mann namens Benedikt die nach ihm benannten Benediktiner gründete. Ob es sich bei diesen frühmittelalterlichen Lebensformen schon um «Orden» handelte, kann freilich bezweifelt werden – die klassischen Benediktinerklöster waren jeweils für sich autonom und nur ganz schwach miteinander vernetzt. Erst die Reformen des Benediktinertums seit dem 10. Jahrhundert – verbunden mit den Namen von Cluny (Cluniazenser) und Cîteaux (Zisterzienser) – führten zu einer stärkeren Integration von einzelnen Klöstern und Mönchen in eine übergreifende Gemeinschaft. Erst jetzt lässt sich eigentlich von «Orden» im Sinne überregional organisierter Institutionen sprechen.

Auf das Benediktinertum des frühen und hohen Mittelalters folgten als nächste Stufe der Ordensgeschichte im Spätmittelalter die sogenannten Bettelorden oder Mendikanten (von lat. *mendicare*, betteln). Die wichtigsten dieser neuartigen Gemeinschaften waren die Franziskaner und Dominikaner. Sie teilten manche Eigenschaften mit den älteren Orden, und doch folgten sie einem neuen Zeitgeist. Hatte das klassische Mönchtum vor allem die Abwendung von der Welt praktiziert, so wollten die Mendikanten nun gerade *in der Welt* tätig sein und diese verbessern. Franziskaner und Dominikaner suchten eine Heimat in den damals entstehenden Städten, während Benediktiner die ländliche Abgeschiedenheit bevorzugt hatten. Als deutliche Mahnung an eine zunehmend geschäftige Welt forderten und lebten vor allem die Franziskaner radikale Armut. Auch zuvor hatte immer schon gegolten, dass jeder einzelne Ordensmann besitzlos zu sein habe. Nicht von ungefähr gelobt jeder Mönch beim Eintritt in das Ordensleben nicht nur Keuschheit und Gehorsam, sondern eben auch ewige Armut. Neu war jedoch nun, dass nicht nur die einzelnen Mönche, sondern auch die Klöster der Franziskaner arm sein sollten. Der Orden als Ganzes sollte im Prinzip vom Betteln leben, daher der Name.

Die Jesuiten wiederum sind das prominenteste Beispiel für eine dritte Entwicklungsstufe. Streng genommen sollte man die Gesellschaft Jesu nicht als «Orden» bezeichnen, auch wenn sich das so eingebürgert hat. Auf keinen Fall sind Jesuiten als «Mönche» anzusprechen. Stattdessen bezeichnet man die neuen Einrichtungen des 16. Jahrhunderts als *Regularkleriker*, also als Geistliche, die unter einer gemeinsamen Regel leben. Im Fall der Jesuiten ergaben sich daraus mehrere Besonderheiten. Schon die Zeitgenossen bemerkten aufgeregt, dass die Jesuiten zum Beispiel keine gemeinsame Ordenstracht hatten oder auf das gemeinsame liturgische Gebet (Chorgebet) verzichteten, das den Alltag der anderen Orden so stark prägte. Für Kritiker waren die ungewöhnlichen Akzentsetzungen ein Grund zur Besorgnis. War die Gesellschaft Jesu nicht bloß ein «Bastard» der ehrwürdigen Ordensgeschichte?, fragte 1602 abschätzig der Jesuitenhasser Étienne Pasquier. Für die Bewunderer des Ordens resultierte dagegen aus den Eigenarten gerade seine Durchschlagskraft. Viele Historiker konzentrieren sich heute ebenfalls auf die Besonderheiten. Veränderungen erzeugen Faszination und gelten oft als Zeichen von Neuanfang und Innovation – so auch bei den Jesuiten. Im punktuellen Abrücken von der älteren monastischen

Tradition erscheinen sie heute als Vertreter eines neuen und genuin *modernen* Christentums, das durch strenge Disziplin, religiöse Innerlichkeit und Individualität, geschickte Mediennutzung und kirchlichen Korpsgeist geprägt ist.

Man muss die Eigenheiten und die Innovationskraft des Jesuitenordens weder leugnen noch schmälern, um gleichzeitig darauf hinweisen zu können, dass die Jesuiten keineswegs nur Neues schaffen wollten, sondern vor allem auch alte Traditionen pflegten und erneuerten. Sie standen und stehen auf den Schultern ihrer Vorgänger. Bergoglio nahm eben keinen jesuitischen Namen an, als er Papst wurde, sondern nannte sich nach Franz von Assisi – ein Jesuit als Fortsetzer der Franziskanertradition. Angesichts solcher Beobachtungen sollte man die Geschichte des Jesuitenordens nicht nur als Resultat eines Neuanfangs im Jahr 1540 schreiben, sondern zugleich die Kontinuitäten in den Blick nehmen. Dann stellt sich die Geschichte der *Societas Jesu* nicht mehr nur als zukunftsweisende Innovation dar, sondern zugleich als nuancierende Fortsetzung einer ehrwürdigen Tradition. Immer wieder wird das vorliegende Buch darauf hinweisen, dass die Gesellschaft Jesu genauso stark im Mittelalter verankert war wie in der (frühen) Moderne. Neben der Würdigung von Brüchen und neuen Ideen muss gleichberechtigt der Hinweis auf jahrhundertelang Gleichbleibendes stehen.

2. Ein neuer Orden etabliert sich: Ignatius von Loyola und die erste Generation (bis ca. 1580)

Paul III. erwähnte in *Regimini militantis* zehn Männer, die sich zum Jesuitenorden zusammenschließen wollten. Der Kopf dieser Gruppe war ein baskischer Adliger, der ursprünglich Iñigo López de Oñaz y Loyola hieß, jedoch als Ignatius von Loyola berühmt wurde. Von ihm gingen die wichtigsten geistlichen Impulse aus, und er war es, der die Gruppe der zehn «ersten Gefährten» zusammengeführt hatte.

Ein bewegtes Leben

Laut den vorhandenen – und von ihm selbst kräftig mitgestalteten – biographischen Quellen hatte Ignatius ein bewegtes und zum Teil dramatisches Leben voller Umbrüche und Kehrtwendungen geführt, wie es sich für einen geistlichen Helden gehört. Seine *Lebensbeschreibung* oder *Autobiographie*, die sein Leben bis kurz vor 1540 schildert, stellt ihn in erster Linie als spirituellen Sinnsucher dar. Dabei hatte alles in eine ganz andere Richtung gedeutet. Wohl 1491 in eine alte Adelsfamilie des Baskenlandes hineingeboren, wuchs der Knabe und junge Mann zunächst in seiner Heimatregion Guizpuoca und dann an verschiedenen Höfen hoher Würdenträger der spanischen Krone auf, ganz im Geist des spätmittelalterlichen Adels. Tiefe Treue zum Christentum gehörte zu dieser Welt wie selbstverständlich dazu, ebenso die ritterliche Verklärung von weltlicher Liebe und ein ausgeprägtes Maß an eifersüchtigem Ehrgefühl. Bei aller Bedeutung der Religion waren die Angehörigen des Adels jedoch durchaus sinnenfroh. Auch in Ignatius' Familie gab es uneheliche Kinder. Er selbst war schnell mit dem Schwert bei der Hand, sofern er Angriffe auf seine Ehre oder die seiner Schutzbefohlenen befürchtete. Impulsiv drohte er einmal einem Muslim mit dem Tod, nachdem dieser angeblich die Jungfrau Maria beleidigt hatte.

Ignatius war ehrgeizig und konnte hart gegen sich selbst sein. Seinen Werten und Ehrvorstellungen war er kompromisslos treu, was bisweilen auch die Grenze zur sinnlosen Aufopferung überschritt. So im spanisch-französischen Krieg im Sommer 1521, als Ignatius mit einer kleinen Gruppe spanischer Soldaten in der Festung von Pamplona dem Sturm auf die Stadt durch heranrückende französische Truppen entgegensah. Obwohl der Widerstand gegen die Übermacht ohne Erfolgsaussichten war, wollte Ignatius kämpfen. Bald trafen ihn Kugeln in die Beine, und er brach schwer verwundet zusammen. Angesichts seiner Tapferkeit sorgten die französischen Sieger gut für ihn, und auf

Der junge Ignatius als Ritter. Unbekannter Künstler (französisch?), 16. Jahrhundert

einer Trage konnte er bald in sein Heimatschloss Loyola gebracht werden. Dort, auf dem Krankenbett, ereignete sich seine Bekehrung – angeblich ganz klassisch, nämlich völlig unerwartet bei der gelangweilten Lektüre frommer Bücher. Aus dem selbstsicheren Adligen wurde ein verunsichert nach Orientierung suchender religiöser Anfänger. Endlich genesen, machte sich Ignatius bis 1524 auf eine lange Reise durch Spanien und den Mittelmeerraum. Vor allem die ersten Monate waren nach seiner eigenen Schilderung voller tiefer religiöser Eindrücke inklusive mystischer Erfahrungen, endloser Gespräche und durchbeteter Nächte. Harte körperliche Askese gehörte für ihn während dieser Monate selbstverständlich dazu. Viele Stationen dieser inneren und äußeren Reise des Ignatius sind seither zu Ikonen der Erinnerung geworden, beginnend mit einem intensiven nächtlichen Gebet vor der Marienstatue in Montserrat bei Barcelona über sein monatelanges Leben in einer Höhle bei Manresa (Ostspanien) bis hin zu einer entscheidenden Vision am Flüsschen Cardoner bei Manresa. Als Teil seiner inneren Reise machte er sich auch an die Überfahrt ins Heilige Land, wo er eigentlich bleiben wollte, von wo er jedoch wieder fortgeschickt wurde.

Letztlich kehrte er ohne dauerhafte Befriedigung aus Jerusalem nach Spanien zurück. Es schloss sich eine neue Phase der Orientierung an. Statt auf extreme spirituelle Lebensformen setzte er nun auf Bildung. Als Mittdreißiger drückte er in Barcelona wieder die Schulbank, um zunächst einmal Latein zu lernen. Es folgten lange Jahre an Europas Universitäten, zunächst in Spanien, ab 1528 in Paris. Ignatius öffnete sich für die reiche Welt der akademischen Hochkultur, eine Welt, mit der er als Adliger bisher eher beiläufig in Berührung gekommen war. Im Laufe der Jahre lernte er dabei vom Humanismus bis zur Scholastik die verschiedensten intellektuellen und kulturellen Strömungen seiner Zeit kennen, so wie er weiterhin die verschiedenen Spielarten des Christentums aufmerksam beobachtete. Gerade die reiche Tradition der spätmittelalterlichen und frühneuzeitlichen spanischen Mystik erlebte Ignatius intensiv. Das mündete mitunter in leidvolle Erfahrungen. In Spanien machte er mehrfach unliebsame Bekanntschaft mit der Inquisition, die ihn auch für mehrere Wochen inhaftierte. Tatsächlich hatten Ignatius und seine Anhänger diffuse, später beschönigte Beziehungen zum heterodoxen Rand des spanischen Katholizismus, vor allem zu den sogenannten *alumbrados*. Diese «Erleuchteten» schienen die tradierten Kirchenstrukturen infrage zu stellen und wurden von der Kirche mehrfach verurteilt – im Zuge dessen gerieten 1559 in Valladolid und Sevilla erneut mehrere Jesuiten als vermeintliche Sympathisanten vor Gericht.

Bei alledem suchte Ignatius beharrlich seinen eigenen Standpunkt gegenüber diesem vielfältigen, auch widersprüchlichen Angebot an geistigen Strömungen. Er – und in wachsendem Maße sein Orden insgesamt – bediente sich bei (fast) allen, ohne jedoch zum exklusiven Exponenten einer einzelnen Tradition zu werden. Ignatius war Mystiker, aber nicht ohne Einschränkung; Ignatius war bildungsbeflissen, aber kein Intellektueller; er profitierte vom Humanismus ebenso wie von der Scholastik. Er kannte die asketische, harte Form des Christentums und sah darin große Vorzüge, doch er bevorzugte seine gütige, milde, fürsorgende Seite. Ignatius verstand sich als Mann der Kirche, deren Wohl er befördern wollte, aber hatte keine Scheu, sich auch mit namhaften Größen anzulegen. Nicht zuletzt kannte Ignatius die Höfe und die sozialen Eliten Europas und wusste sich entsprechend zu benehmen, doch genauso gut wusste er um die Oberflächlichkeiten des spätmittelalterlichen Rittertums.

Die Exerzitien

Heraus kam bei dieser kulturellen und religiösen Suche ein kleines Buch, dem Ignatius den Titel *Geistliche Übungen* (lat. *Exercitia spiritualia*) gab. Es wurde zu einem der prägendsten Texte des (modernen) Christentums überhaupt, und zwar über alle Konfessionsgrenzen hinweg. «Geistliche Übungen»: Dahinter verbirgt sich ein ungefähr vierwöchiges Programm der systematischen Betrachtung christlicher Wahrheiten, vor allem zum Zwecke geistlicher Selbsterforschung. Gezielte Meditation und intensives Beten bestimmen in strikter Struktur den Tagesablauf während dieser Zeit. Zahlreiche Bilder, Texte und «Meditationspunkte» sollen dem Exerzitanten Anleitung geben bei der tiefen inneren Auseinandersetzung mit den elementaren Glaubenssätzen des Christentums. Im Durchleben der Übungen soll der Exerzitant sein spirituelles Innenleben vertiefen und gegebenenfalls notwendige Änderungen an der Lebensführung vornehmen. Für diese vier Wochen intensiven Betrachtens und Nachdenkens stellt das Exerzitienbüchlein einen detaillierten Ablaufplan bereit. Die Exerzitien, so wie Ignatius sie sich vorstellte, folgen nicht nur einer ausgeklügelten Struktur, sondern sie sollen außerdem im Dialog absolviert werden. Niemand soll die Übungen auf eigene Faust machen, sondern immer unter der Anleitung eines erfahrenen geistlichen Führers und Begleiters, der aus der Fülle an bereitgestelltem Material auswählt, Schwerpunkte setzt und den geistlichen Fortschritt, aber auch das geistliche Wohlbefinden des Exerzitanten im Blick behält. Ausgehend von den Exerzitien haben die Jesuiten Seelsorge generell als kommunikativen Prozess mit intensiver Betreuung verstanden.

Mit den «Geistlichen Übungen» verfügte der Jesuitenorden

nun über eine ganz eigene Frömmigkeitspraxis. Neu an den Exerzitien waren vor allem ihr klarer Ablauf, ihre kompakte und literarisch präzise fixierte Form und ihre programmatische Gesamtkomposition, weniger ihr Inhalt im Einzelnen. Die moderne Forschung hat im Detail gezeigt, dass Ignatius viele Auszüge aus älteren Vorlagen und Vorläufern übernommen und eingearbeitet hat. Tatsächlich begann Ignatius wohl schon bald nach 1521, in einem Heft interessantes Material zu sammeln, das ihm begegnete. Hieraus wurde bis etwa 1540 der später bekannte Text der *Exerzitien*, dessen lateinische Version Papst Paul III. 1548 offiziell anerkannte. Auf ihrer Basis entwickelte sich bald eine Fülle an konkreten Anwendungsformen, die von ausführlichen Einzelexerzitien für Ordensmitglieder bis hin zu kurz gefassten Gruppenexerzitien in speziellen karitativen Einrichtungen (*Maisons de retraite*) reichten.

Gründung und Ausgestaltung des neuen Ordens

Um Ignatius herum sammelte sich allmählich die Gründungsgruppe des Jesuitenordens. Schon die frühen Stufen der entstehenden *Exerzitien* halfen ihm, Bekannte zu prüfen und Freunde auf seine Ideen einzuschwören. Die Suche nach Gleichgesinnten war nicht frei von Rückschlägen. Manche Menschen, denen Ignatius zuerst vertraut hatte, enttäuschten ihn in den langen Jahren der Wanderschaft. Andere Getreue starben, noch bevor seine Ideen 1540 offizielle Anerkennung fanden. Schließlich waren es neun Männer, vorwiegend aus seiner Pariser Studienzeit, die sich dauerhaft für Ignatius und seine spirituelle Ausrichtung begeisterten und auf die er sich verlassen konnte. Mit sechs von ihnen legte er bereits 1534 ein weit reichendes Versprechen ab. Bei einer Messe außerhalb von Paris auf dem Montmartre, die Peter Faber zelebrierte, damals noch der einzige Priester der Gruppe, beschloss man, dauerhaft als geistliche Gruppe zusammenleben zu wollen. Geht man weniger von der kirchenrechtlichen Bestätigung aus, sondern vom subjektiven Willen und den Absichten der Beteiligten, so kann man auch dieses Jahr 1534 als Gründungsdatum des Jesuitenordens betrachten.

Auf unterschiedlichen Wegen gelangten die Freunde schließlich von Paris nach Italien und trafen sich Anfang 1537 in Venedig wieder. Sie fassten den Plan, gemeinsam nach Jerusalem zu reisen und sich dort den Christen für geistliche Dienste zur Verfügung zu stellen. Zugleich beschlossen sie einen Alternativplan angesichts der drohenden kriegerischen Auseinandersetzungen zwischen Venedig und dem Osmanischen Reich im Mittelmeer: Sollte die Überfahrt auf absehbare Zeit unmöglich werden, würden sie stattdessen nach Rom gehen und sich als Gemeinschaft dem Papst unterstellen. Tatsächlich mussten Ignatius und seine Freunde die zweite Option umsetzen.

1540 gewährte Paul III. ihnen die Sanktionierung als Ordensgemeinschaft kanonischen Rechts. Zunächst musste es nun für die Jesuiten vorrangig darum gehen, die selbst geweckten Ansprüche umzusetzen, den Orden mit Leben zu erfüllen und dem Gemeinschaftsleben dauerhafte innere Strukturen zu geben. Außerdem galt es zu entscheiden, für welche Tätigkeiten man die noch knappen Personalressourcen vorwiegend einsetzen wollte. So verbrachte Ignatius die restlichen sechzehn Jahre seines Lebens bis zu seinem Tod 1556 vor allem damit, seinen neuen Orden tatkräftig zu regieren, ihm weitere Struktur zu verleihen und dessen viele Tätigkeiten zu koordinieren.

Der wichtigste Schritt bei dieser Ausgestaltung war die Abfassung eines Ordensgesetzes, also eines Regelwerks, in dem Ziele, Vorgehensweisen und Grundlagen der neuen Gemeinschaft festgelegt wurden. Paul III. hatte dem Orden ausdrücklich das Recht eingeräumt, eigene *Constitutiones* zu erlassen, und Ignatius machte davon ausgiebig Gebrauch. In einem langen Prozess ständiger Revisionen und Beratungen entstand im Lauf der Jahre ein Regelwerk, wie es die katholische Kirche zuvor noch nicht gesehen hatte. Die «Konstitutionen» der Gesellschaft Jesu umfassen in der heute maßgeblichen Edition nicht weniger als einhundertfünfundzwanzig großformatige, doppelspaltig in gedrängtem Latein bedruckte Seiten. Sie sind in zehn Teile gegliedert, die deutlich aufeinander aufbauen und in klarem konzeptionellen Aufbau systematisch einen Rahmen an Normen aufspannen, in dem sich jesuitisches Leben zukünftig vollziehen soll. Zunächst behandeln die Satzungen den einzelnen Jesuiten und begleiten ihn von den ersten Prüfungen (Teil 1 und 2) über die Ausbildung (Teil 3 und 4) bis hin zur endgültigen Aufnahme (Teil 5) und zu seinem Alltagsleben im Orden (Teil 6). Es folgen in Teil 7 Ausführungen zur geistlichen Arbeit (generell als «Missionen» bezeichnet) im «Weinberg des Herrn» (Mt 20,1–16). Die letzten drei Abschnitte widmen sich eher organisatorischen Themen. Teil 8 der Konstitutionen reagiert auf die frühen Globalisierungserfahrungen und schlägt verschiedene konkrete Mittel vor, um «die Einheit der verstreuten Mitglieder mit ihrem Oberhaupt und untereinander» zu garantieren. Teil 9 beschreibt die Verwaltung und Herrschaftsstruktur des Ordens in Grundzügen, während der letzte Teil eher knapp so etwas wie eine korporative Kultur der Gesellschaft Jesu skizziert, indem er behandelt, «Wie der gesamte Körper des Ordens bewahrt und in seinem Wohlergehen befördert werden kann».

Bei der Formulierung der *Constitutiones* griffen Ignatius und sein seit 1547 amtierender Sekretär Juan de Polanco intensiv auf den Erfahrungsschatz der abendländischen Ordensgeschichte zurück. Das zeigt sich gerade bei der letztlich einfachen und klaren Verwaltungsstruktur der Gesellschaft Jesu: Die unterste Ebene des Ordens bildeten die einzelnen Niederlassungen mit einem Stab an Leitungsfiguren; diese wurden zusammengefasst zu größeren regionalen Einheiten (Provinzen), wiederum mit eigenem Leitungsstab; schließlich gab es in Rom ein Leitungszentrum (Kurie) für den gesamten Orden, ebenfalls mit eigenem Personal. Zusätzlich wurden die Provinzen der Übersichtlichkeit halber in mehrere «Assistenzen» zusammengefasst, die zwar keinerlei exekutive Funktion hatten, jedoch einer gewissen regionalen Bündelung und Schwerpunktsetzung dienten. Auf allen drei Entscheidungsebenen, wenngleich mit wichtigen Unterschieden im Detail, folgten die Leitungsstäbe einem ähnlichen Grundschema: Es gab einen verantwortlichen Oberen mit theoretisch sehr weit reichender Entscheidungskompetenz, dem jedoch stets Beratungsgremien beigesellt wurden. Mit der gesamten Ordenstradition betonten die Jesuiten, dass den Oberen ein weitgehend bedingungsloser Gehorsam geschuldet sei. Entgegen allen Mythen ist an dieser Stelle entschieden festzuhalten, dass die Idee der Jesuiten vom Gehorsam bei allen eigenen Schwerpunktsetzungen im Detail weitaus traditioneller ist, als oft behauptet wird. Das gilt auch für das berüchtigte vierte Zusatzgelübde eines Gehorsams gegenüber dem Papst, das viele Jesuiten ablegen. Auch dafür gab es schon Vorläufer in der Geschichte; außerdem muss man betonen, dass die Päpste nur selten darauf zurückgriffen. Vor allem hatte das Papstgelübde symbolische und geistliche Bedeutung – die Jesuiten wollten damit ihre ständige Verfügbarkeit für alle Arten von Seelsorge in allen Weltregionen ausdrücken. Keineswegs wurden die Jesuiten wegen ihres besonderen Gelübdes zu bloßen Befehlsempfängern oder Ausführungsgehilfen der Päpste, im Gegenteil.

Auch die in Rom angesiedelte zentrale Ordensleitung mit Weisungskompetenz gegenüber den einzelnen Gliedern des Ordens war keine vorbildlose Innovation. Selbst ältere Orden hatten so etwas mittlerweile. Allerdings gaben die Jesuiten ihrer Ordenszentrale eine ungewöhnliche Gestalt und ungewöhnlich viel Macht. Im Unterschied zu den anderen großen Orden wurde und wird der römische Generalobere des Jesuitenordens auf Lebenszeit gewählt. Seine Absetzung ist nur unter extremen Umständen möglich; kein Ordensgeneral ist, abgesehen von Lorenzo Ricci 1773, bisher jemals gegen seinen Willen des Amtes enthoben worden. Mit der Stärkung, die die römische Ordensleitung durch die lebenslange Amtsdauer erfuhr, gingen weitere verfassungsrechtliche Anpassungen einher. Im älteren Mönchtum hatte die Wahl von Amtsträgern eine große Rolle gespielt. Bei den Jesuiten jedoch wurde und wird so gut wie nie gewählt. Von den entscheidungsbefugten Oberen wurde eigentlich nur der römische Ordensgeneral wirklich durch Wahl bestimmt, alle anderen Vorgesetzten auf allen Ebenen wurden dann direkt oder indirekt von ihm für begrenzte Amtsperioden – meist drei Jahre – ernannt. Abgesehen von der Generalswahl floss die Entscheidungsautorität im Jesuitenorden also strikt nur von oben nach unten.

Entsprechend dieser Aufwertung der römischen Zentrale veränderte sich auch die Rolle von kollegialen Repräsentativorganen. In vielen Orden gab es regelmäßige Versammlungen (Kongregationen oder Kapitel) führender Ordensleute auf Provinz- und Gesamtebene mit Entscheidungskompetenz. Hier bestand die Möglichkeit, dass die Ordensmitglieder sich ihren Oberen kritisch oder unterstützend gegenüber- oder zur Seite stellten. Auch die Jesuiten kannten solche Einrichtungen, doch hier gab es ebenfalls signifikante Besonderheiten: Während noch bei den Bettelorden diese Versammlungen häufiger zusammentraten und dabei auch das Klein-Klein des Alltagsgeschäfts erheblich mit beeinflussten, war dies bei den Jesuiten ganz anders. Generalversammlungen in Rom gab es nur beim Tod eines Generaloberen oder in außergewöhnlichen Umständen. Seit 1558 bis heute haben gerade einmal sechsunddreißig solcher Generalkongregationen stattgefunden – im Durchschnitt gut alle zwölf Jahre. Auf der Ebene der Provinzen tagen die Kongregationen zwar häufiger und regelmäßig, doch mit sehr viel weniger Entscheidungskompetenz als in anderen Orden. Insgesamt wurde die ordensgeschichtlich bekannte Kombination von Kollektivorganen und einer zentralisierenden Ämterhierarchie also auch bei den Jesuiten beibehalten, jedoch mit charakteristischer Verschiebung der Gewichte.

Kein anderer Orden vor den Jesuiten hatte jemals auch nur annähernd eine derart detaillierte und vor allem in einem Guss entworfene Grundregel gehabt. Ignatius und Polanco erkannten ebenso hellsichtig wie realistisch, dass das erfolgreiche Fortbestehen des neuen Ordens vom Vorhandensein klarer Regeln sozialer und geistlicher Art abhängen würde. Der Baske war einer jener eher seltenen Charismatiker, die mit Interesse und Geschick institutionelle Strukturen entwickelten. Dass der Ordensgründer selbst die Institutionalisierung und organisatorische Verfestigung der enthusiastischen Bewegung in die Wege geleitet hatte, legitimierte diese Transformation in der Existenzform des Ordens. Dennoch hatten die Ausgestaltung und Artikulation eines derart klaren Profils durchaus ambivalente Folgen: Wurde so einerseits den Ordensleuten eine präzise Orientierung im Handeln gegeben, zog die prononcierte Selbstthematisierung andererseits zugleich Kritik auf sich. Seit 1555 regierte beispielsweise ein

Papst, der den Jesuiten nicht gewogen war. Paul IV., der als Gründer eines anderen Ordens (der Theatiner) andere Vorstellungen von Kirche und Frömmigkeit hatte, war mit Ignatius schon früher nicht gut zurechtgekommen. In den zwei Jahren zwischen Ignatius' Tod 1556 und der Einberufung der ersten Generalkongregation 1558 versuchte er, die Konstitutionen in etlichen Punkten abzuändern. Dabei konnte er sich auf einige unzufriedene Jesuiten berufen, die ebenfalls Änderungen vorschlugen – letztlich allerdings erfolglos, denn die Satzungen wurden doch in der vorgesehenen Form approbiert. Die klaren Konturen, die Ignatius seinem Orden gegeben hatte, lösten auch sonst bereits früh Befremden aus. So bemängelten der Dominikaner Melchior Cano und andere eine Reihe von Punkten: übertriebenen Zentralismus, fehlendes Chorgebet, keine einheitliche Ordenskleidung. Auch aus dem Namen des Ordens wurde ein Kritikpunkt: War es nicht überheblich von den Jesuiten, für sich eine Sonderstellung als bevorzugte Gesellschaft Jesu zu reklamieren? Insgesamt ist also deutlich, dass der neue Orden einerseits schnell ganz pointiert Ansprüche markierte und mit klarem Leitbild auftrat, andererseits dadurch aber schon bald negative Aufmerksamkeit erregte – wie das in ähnlicher Mischung im Übrigen bei vielen früheren Ordensneugründungen der Fall gewesen war.

Experimentieren

Doch so detailliert die Konstitutionen auch waren: Es dauerte in vielen Bereichen noch Jahre und Jahrzehnte, bis die grundlegenden Formulierungen des Ordensgesetzes zu praxistauglichen Vorschriften und Alltagsabläufen geworden waren. Es brauchte seine Zeit, das Ordensgesetz mit Leben zu erfüllen. Vielfältige Weiterentwicklungen und zusätzliches Experimentieren gehörten zur Tagesordnung. Das kann man gut am ausgefeilten Kommunikationssystem innerhalb des Ordens erkennen. Um eine möglichst reibungslose Zusammenarbeit der verschiedenen Ordenseinrichtungen zu gewährleisten und vor allem um es der Ordenszentrale in Rom zu ermöglichen, wenigstens theoretisch alle Regionen des Ordens zu kennen, legte Ignatius fest, dass die Organisationseinheiten häufig und detailliert Bericht erstatten mussten. Zur Vereinheitlichung wurden Formulare, Tabellen und standardisierte Abfragen eingesetzt. Umgekehrt sollte der General regelmäßig antworten und seine Befehle und Wünsche mitteilen. Das alles war zwar in den Konstitutionen grundgelegt, doch in der Umsetzung musste der Orden in jahrzehntelangen Prozessen von *trial and error* erst herausfinden, welches Maß an Bürokratisierung im Alltag wirklich sinnvoll war. Die konkrete Gestalt der Ordensverwaltung nahm erst im Lauf der Zeit ihre klassische Form an.

Ein ähnliches Experimentieren zeigt sich in den Anfangsjahrzehnten auch an anderen Stellen, etwa auf dem Gebiet der Spiritualität. Trotz der wichtigen Orientierung, die Ignatius gegeben hatte, brauchte der Orden noch einmal mehrere Jahrzehnte, ehe er ein klares eigenes spirituelles Profil entwickelt hatte. Mit erheblichem Hin und Her wurde beispielsweise die Frage diskutiert, wie viel Zeit jedem Jesuiten täglich für das Gebet vorgeschrieben werden sollte. Einzelne Führungspersönlichkeiten wie etwa der dritte Ordensgeneral Francisco de Borja standen einer stärker kontemplativ und mystisch ausgerichteten Religiosität nahe und wollten die tägliche Gebetszeit moderat verlängern, während andere Jesuiten die Zeit eher für Seelsorge und frommes Handeln in der Welt nutzen wollten. Auch nach Borjas Amtszeit verstummten diese Diskussionen nicht. Immer wieder führte das Verhalten einzelner «mystischer» Jesuiten mit vermeintlich ungewöhnlichen Gebetspraktiken zu Debatten, Aufregung und Konflikten.

Ähnlich experimentell verlief zunächst auch die Rekrutierung neuer Mitglieder. Die Wachstumsdynamik der Gesellschaft Jesu gerade in den Anfangsjahrzehnten ist bemerkenswert. Vielerorts wurde der Orden zum Hoffnungsträger religiöser Erneuerung. Noch während das Konzil von Trient (1545–1563) den Katholizismus nach den schockierenden Angriffen des Protestantismus gründlich umstrukturierte, gelang den Jesuiten als Vertretern dieser neuen Konfessionskultur innerhalb kürzester Zeit die Etablierung in Deutschland, Spanien, Portugal und vielen anderen Regionen. Rasant stieg auch die Anzahl der Mitglieder. Aus den zehn Jesuiten von 1540 wurden rund tausend im Jahr von Ignatius' Tod (1556). Ende des 16. Jahrhunderts gab es 8519 Jesuiten. Hier musste der Orden allerdings problematische Kompromisse eingehen. Um die rasante Nachfrage nach Mitgliedern schnell zu befriedigen, rekrutierte man weiterhin Männer in der Mitte ihres Lebens, die man sofort einzusetzen hoffte. Doch viele von ihnen erfüllten die hohen Ansprüche des Ordens nicht, weil sie schlecht ausgebildet waren oder geistliches Profil vermissen ließen. Hier war die Messlatte durch die erste Generation von Jesuiten sehr hoch gelegt worden: Ignatius und die ersten Gefährten waren gestandene Männer mit tiefer spiritueller Erfahrung und hervorragender intellektueller Ausbildung gewesen. Diese hohen Ansprüche stellte man auch an alle zukünftigen Jesuiten. Solche Männer – einen Frauenorden wollte Ignatius nie gründen – waren jedoch nicht leicht zu finden, wie man gesehen hatte.

So erkannten die Jesuiten schnell, dass sie dem Thema «Nachwuchs» höchste Aufmerksamkeit widmen mussten. Angesichts der hohen Qualitätsanforderungen legte Ignatius bald fest, dass das Noviziat – die erste, probeweise Aufnahme von Kandidaten – bei den Jesuiten mit zwei Jahren ungewöhnlich lange dauern sollte. Die Novizenausbildung wurde außerdem zu einem besonders prominenten Thema ordensinterner Debatten. Bis heute spielt die Frage nach Ablauf, Inhalt und Qualität der Formung des Ordensnachwuchses eine große Rolle beispielsweise in den Beschlüssen vieler Generalskongregationen. Zudem akzeptierte man bald, dass man neben der geistlichen vor allem auch die intellektuelle Ausbildung zukünftiger Jesuiten am besten selbst in die Hand nahm. Die Jesuiten stiegen ins Schulwesen ein.

Offensichtlich galt dieser zunächst ordensinterne Unterricht sehr schnell als ungewöhnlich effizient, denn bald wurden die Jesuiten von geistlichen wie weltlichen Obrigkeiten angefragt, ob sie nicht auch andere Schulen übernehmen wollten. In einer Entscheidung von epochaler Konsequenz stimmte Ignatius zu. Die ersten Jesuitenschulen für ein breiteres Publikum wurden schon 1546 im spanischen Gandía und zwei Jahre später, 1548, im sizilianischen Messina eröffnet. Auch wenn der Orden eher ungeplant zum Schulorden geworden war, machte er sich diese Wendung doch voll und ganz zu eigen. Innerhalb weniger Jahrzehnte wurden viele hundert neue Jesuitenschulen («Kollegien») errichtet. Manche von ihnen gehörten weltweit zu den besten Lehr- und Forschungseinrichtungen der Zeit. Seither ging es innerhalb des Ordens oft stark um die Frage, was genau angehende Jesuiten und Schüler mit anderen Karrierezielen an diesen Schulen eigentlich lernen sollten. Als erste Reaktion hierauf nahm Ignatius bereits in die Konstitutionen einen relativ ausführlichen Passus zu Bildung und Schule auf. In den folgenden gut fünfzig Jahren versuchten die Jesuiten, immer genauer zu spezifizieren, was und wie unterrichtet werden sollte.

Experimente und rastlose Dynamik prägten schließlich auch viele frühe Missionsbemühungen der Gesellschaft Jesu. Bereits kurz nach der Ordensgründung wurden die ersten Jesuiten vom portugiesischen König in seine Kolonien entsandt, um einerseits die europäischen Siedler seelsorgerlich zu betreuen, andererseits den nichtchristlichen Bewohnern dieser Länder «das Christentum zu bringen», wie man oft beschönigend sagte. Angeführt von Francisco de Xavier seit 1542 in Asien und von Manuel de Nóbrega seit 1549 in Brasilien entwickelten sich die Jesuiten schnell zum weltweit führenden Missionsorden. Während de Nóbrega in Brasilien relativ beharrlich arbeitete und ein Netz von Niederlassungen und Missionsdörfern aufbaute, verkörperte Franz Xaver die charismatische Energie der Anfänge. Ein Jahrzehnt lang reiste er rastlos in Asien umher, legte riesige Entfernungen zwischen Indien, den Molukken und Japan zurück und blieb oft nur für kurze Zeit an einem Ort. Wo immer er ankam, machte er sich mit großer Euphorie daran, jesuitische Aktivitäten und Missionsstationen zu begründen. Die dauerhafte Verankerung und Konsolidierung dieser Anfänge blieb dann allerdings oft Aufgabe nachfolgender Ordensleute.

Der nächste große Schritt für die Mission erfolgte zwei Jahrzehnte später. Erst ab 1565 waren Jesuiten, und dann eigentlich nur spanische Jesuiten, auch zu den Kolonien unter spanischer

Herrschaft in Süd- und Mittelamerika sowie Asien zugelassen. Alles begann mit einem Fehlschlag. 1566 segelten erstmals Jesuiten im Auftrag Spaniens im Rahmen eines schnell gescheiterten Siedlungsprojekts in Florida in die Neue Welt. Kurz danach, 1568, erreichten die ersten Jesuiten Peru, 1572 dann Mexiko. Von dort aus gelangte man bereits 1581 über den Pazifik auf die Philippinen. Zügig bauten die Ordensleute ein Netz von Niederlassungen auf. Kollegien wurden in vielen bedeutenden Kolonialstädten gegründet, beispielsweise in Lima (1571), Mexiko-Stadt (1572) oder Quito (1586).

Auch zur Vorgehensweise bei der Mission fehlte es an Erfahrungswerten, und so mussten die Jesuitenmissionare ebenfalls experimentieren. Sowohl Franz Xaver als auch de Nóbrega setzten anfangs noch auf schnelle Massentaufen vieler Indigener, doch das erwies sich bald als Irrweg. In den meisten Fällen erzeugte dies nur oberflächliche Bekehrungen, wie man frustriert zugeben musste. Bei der Suche nach alternativen Mitteln traten freilich schnell Grundsatzfragen auf: Sollte man eigentlich unerbittlich an europäischen Werten festhalten oder konnte man Kompromisse eingehen? Durfte man lokale Sitten und Gepflogenheiten dulden, um die Indigenen nicht abzuschrecken? Wie sollte man beispielsweise auf die Nacktheit und die Polygamie der Amazonasbewohner reagieren? Konnte man solche Bräuche dulden oder nicht? Hierüber wurde heftig gestritten. De Nóbrega in Brasilien musste sich immer wieder gegen den Vorwurf übertriebener Nachlässigkeit wehren. Es gab zunächst mehr offene Fragen als erprobte Antworten. Ein wichtiger Schritt ergab sich 1576 in Peru. Dort wurde den Jesuiten für die missionarische Arbeit mit der peruanischen Urbevölkerung ein bereits bestehendes Missionsdorf übergeben. In Julí am Ufer des Titicacasees lernten die Jesuiten, dass sie besonders wirksam agieren konnten, wenn Missionare und Missionierte gemeinsam in einem eigenen sozialen Raum leben konnten, der von den europäischen Kolonialzentren abgetrennt war. Das peruanische Dorf wurde ein einflussreiches Modell im Orden.

Die Jesuiten blieben also, entgegen allen abstrusen Zerrbildern, auch langfristig ein Orden, in dem viel improvisiert und ausprobiert wurde. Unvorhergesehene Entwicklungen und Wendungen gehörten dazu. Lernen aus Erfahrung und Fehlern blieb ein wichtiges Merkmal. Trotz der ungewöhnlich klaren Leitlinien, die Ignatius seinem Orden in puncto Aufbau, Ablauf und Ausrichtung des Ordenslebens gegeben hatte, waren Geist und Gestalt der Gesellschaft Jesu keineswegs von Anfang an bis ins letzte Detail klar definiert. In diesem Orden, der eben gerade nicht wie eine Maschine gleichgeschalteter Männer funktionierte, obwohl man ihm das bis heute gerne unterstellt, gab es lange Zeit erhebliche Unsicherheit hinsichtlich der eigenen Vorgehensweise. Die erste dynamische Wachstumsphase vollzog sich trotz aller Vorgaben des Ordensgründers selbst auf Umwegen, benötigte zahlreiche Experimente und blieb keineswegs frei von Widersprüchen.

3. Vom Charisma zur Institutionalisierung: Die Jahrzehnte um 1600 unter General Acquaviva

Nach dem wilden, experimentellen Wachstum stellte die lange Amtszeit des süditalienischen Herzogsohns Claudio Acquaviva von 1581 bis 1616 eine Übergangsphase dar. Als die erste Generation der Jesuiten allmählich von der Bühne abtrat, vertiefte er die bereits von Ignatius begonnene Transformation des Gründungscharismas in eine formale Organisation. Man kann mehrere große Themenfelder unterscheiden, auf denen Acquaviva eine Konsolidierung des Ordenslebens vorantrieb.

Schulwesen: Inhalte und Organisation

Seit dem Einstieg des Ordens in das Schulwesen hatten die Jesuiten diskutiert, was dort unterrichtet werden sollte. In verschiedenen Versionen, die sich zum Teil erheblich voneinander unterschieden, wurde in jahrzehntelanger Diskussion ein global verbindlicher «Unterrichtsplan» (*Ratio Studiorum*) erarbeitet, der in vorläufiger Weise 1586 erschien und endgültig 1599 verabschiedet sowie durch General Acquaviva offiziell in Umlauf gebracht wurde. Auf der Basis der *Constitutiones* entwarf die *Ratio* einen Lehrplan, der zukunftsweisend scholastische und humanistische Inhalte miteinander verknüpfte. Die Scholastik, eine Denk- und Lehrtradition, die sich an den Universitäten Europas seit dem Mittelalter durchgesetzt hatte, betonte den Wert analytisch-logischer Gedankenzergliederung. Im Spätmittelalter häufig als trocken, steril und lebensfern gebrandmarkt, hatten vor allem spanische Gelehrte die Scholastik im 16. Jahrhundert runderneuert – und die Jesuiten wurden um 1600 zu ihren wichtigsten Vorreitern. Gleichzeitig förderten sie die Übernahme und Fortsetzung von Ideen und Themen, die dem Renaissance-Humanismus zuzurechnen sind, einer gegenläufigen Bewegung, die auf das 14. Jahrhundert zurückging. Hier standen statt logischer Analyse und formaler Diskussion vorwiegend sprachliche Bildung und rhetorisches Argumentieren sowie die kulturelle Imitation der klassischen antiken Literatur im Zentrum.

Die Herausforderung bestand darin, die beiden Traditionen zu einem harmonischen Ganzen zu verschmelzen. Der antike griechische Denker Aristoteles und der mittelalterliche christliche Philosoph und Theologe Thomas von Aquin wurden für die Jesuiten zu den Hauptautoren im Bereich der scholastisch geprägten analytischen Disziplinen, während Cicero, Vergil und zahlreiche andere antike Autoren die Grundlage des humanistischen Teils des Erziehungsprogramms bildeten. Die *Ratio Studiorum* gab genaue Anleitungen und Anweisungen dafür, welche Autoren und Themen zu behandeln waren. Zugleich regelte Acquavivas Lehrplan auch, welche Inhalte als «gefährlich» zu gelten hatten und vermieden werden sollten. Damit fixierte

Acquaviva auch das intellektuelle und kulturelle Profil des Ordens, das ab 1599 dann prinzipiell in allen Jesuiteneinrichtungen weltweit Geltung haben sollte.

Die *Ratio Studiorum* legte nicht nur fest, was unterrichtet werden sollte, sondern auch wie. Ähnlich wie bei den Inhalten erfanden die Jesuiten bei der Pädagogik das Rad nicht neu, sondern fügten vorhandene Erfahrungen und ältere Traditionen klug zu einem schlagkräftigen Modell zusammen. Ein wichtiges Vorbild war ihnen hierbei Paris, wo in verschiedenen Schulen mit neuen pädagogischen Praktiken experimentiert worden war. Die Jesuiten sprachen gerne vom «Pariser Unterrichtsstil» (*modus Parisiensis*), an dem auch sie sich orientierten. Dazu gehörte beispielsweise die Einteilung der Schüler in Klassenkohorten, wobei ein Fortschreiten zur nächsten Klasse erst nach Absolvierung der vorausgehenden Inhalte möglich war. Jesuitischer Unterricht arbeitete zudem stark mit spielerischen und wettbewerblichen Formen – Schüler wurden zur Demonstration ihres Könnens in freundschaftlichem Kräftemessen angehalten. Öffentliche Anerkennung sollte erfolgreichen Ehrgeiz belohnen, deshalb gab es Auszeichnungen, Preise und Ausstellungen herausragender Schülerarbeiten. Neben klassischem Frontalunterricht ging zudem das ausgedehnte aktive Üben über das zeittypische sture Auswendiglernen hinaus. Da der Orden seine Lehrkräfte selbst stellte – viele Jesuiten arbeiteten wenigstens für einige Jahre im Schulbetrieb –, wurden die Schüler zudem von ungewöhnlich gut ausgebildeten und hochmotivierten Lehrern unterrichtet. Letztlich überzeugten die Jesuiten also mit einem Unterrichtsprogramm, das auf der Basis älterer Traditionen vor allem durch zeitgemäße Inhalte sowie pädagogische Stringenz und Effizienz glänzte.

Die *Ratio* traf innerhalb des Ordens im Großen und Ganzen auf Zustimmung, was nicht zuletzt daran lag, dass die Ordensleitung während der Ausarbeitung im permanenten Austausch mit den Provinzen gestanden hatte. Die Entstehungsgeschichte dieses Grundlagentexts illustriert somit gut, dass die Ordensleitung entgegen allen verunglimpfenden Legenden keineswegs autokratisch regierte. Trotz der absolutistischen Herrschaftskonzeption liefen viele praktische Entscheidungen in ausgedehnten Konsultationsprozessen ab, oft über enorme Distanzen hinweg. Die *Ratio* basierte typischerweise auf zahlreichen lokalen Eingaben, die heute im modernen Kleindruck noch viele Hunderte Seiten füllen. Gerade Acquaviva formalisierte und regulierte solche Konsultationsprozesse innerhalb des Ordens immer stärker.

Spiritualität der Weltzugewandtheit

Im Bereich der jesuitischen Spiritualität brachte Acquaviva in einem parallelen administrativen Kraftakt ein weiteres Jahrhundertprojekt erfolgreich zu Ende: Ebenfalls 1599 erfolgte die Veröffentlichung eines verbindlichen «Wegweisers» (*Directorium*) für die Exerzitien. Mit diesem Leitfaden für alle, die die Exerzitien durchführten – gewissermaßen ein Wegweiser zum Wegweiser –, etablierte Acquaviva nach jahrzehntelangen Konsultationen eine Art Standardversion der Exerzitienpraxis, auf deren Basis spezifischere Adaptationen erfolgen konnten. Im Zuge dessen wurde auch die Rolle der Exerzitien innerhalb des Jesuitenordens selbst noch einmal geklärt. Denn unter Acquavivas Ägide fanden auch Überlegungen einen Abschluss, wie der Orden sicherstellen könnte, dass bei allem tagtäglichen Engagement doch geistliche Tiefe und spirituelle Besinnung nicht verloren gingen. Um einem geistlichen «Ausbrennen» der Mitbrüder angesichts ihres andauernden und rastlosen seelsorgerlichen Engagements vorzubeugen und um zu verhindern, dass der gelegentlich an Aktionismus grenzende Tätigkeitsimpuls des Ordens nicht zu einer einseitigen «Verweltlichung» führte, verordnete die Generalkongregation von 1608 eine jährliche geistliche Besinnungsperiode. Alle Patres sollten sich im Sommer für ein paar Tage aus ihren Geschäften zurückziehen und eine Kurzform der Exerzitien durchlaufen.

Ähnliche Überlegungen sorgten auch dafür, dass unter Acquaviva das sogenannte Tertiat endgültig fixiert wurde: Gerade in der Praxis des seelsorgerlichen Alltags bereits seit Langem aktive oder mit der missionarischen Arbeit befasste Jesuiten sollten sich in einem «dritten» Jahr des Noviziats wenigstens ein weiteres Mal in ihrem Leben intensiv und ohne Zeitdruck ihren «geistlichen Affekten» zuwenden. Erst nach dieser letzten, intensiven geistlichen Auszeit wurden die Männer – für gewöhnlich als Mittdreißiger – endgültig zu vollwertigen Mitgliedern des Ordens.

Die Notwendigkeit einer solchen inneren Fokussierung mag Acquaviva besonders nahe gelegen haben, da er ansonsten sehr die Weltzuwendung des Ordens betonte. Schon sein Vorgänger Everard Mercurian war gegen interne Widerstände auf sichere Distanz zur umstrittenen Mystik gegangen. Hieran knüpfte der Herzogsgeneral aus Atri ausdrücklich an. Die offizielle geistliche Linie des Ordens lautete seitdem, dass alle Kontemplation auf aktives Handeln in der Welt hin ausgerichtet sein sollte (*activus in contemplatione*). Für Acquaviva verdichtete sich dies besonders im Stichwort der «Mission». Dabei ging es um weit mehr als nur um die – zweifellos sehr wichtige – Bekehrung von Heiden zum Christentum, nämlich um jegliche «Sendung» zur Fürsorge für die Menschen. Sie sollte im Mittelpunkt stehen, nicht die weltabgewandte Versenkung in religiöse Geheimnisse. Man darf den Jesuitenorden zwar nicht mehr, wie früher lange üblich, einseitig auf «Askese» statt «Mystik» festlegen, denn mystische Tendenzen und Schriften zirkulierten weiterhin und blieben einflussreich. Dennoch ist unübersehbar, dass die apostolische und pastorale Ausrichtung spätestens seit Acquaviva dominant zum Identitätskern des Ordens gehörte.

Verweltlichung? Die Hofbeichtväter

Dass die Gefahr einer «Verweltlichung» für die Jesuiten durchaus real war, wusste Acquaviva auch aus vielfältigen Erfahrungen mit der europäischen Politik ganz genau. Erleben konnte er das beispielsweise durch die Schwierigkeiten, die es regelmäßig mit den jesuitischen Hofbeichtvätern und Hofgeistlichen gab. Seit 1552 mit Diego Mirón erstmals ein Jesuit vom portugiesischen König als Beichtvater angefordert worden war, arbeiteten bald Dutzende Patres an den verschiedensten Höfen, klein und groß, in ganz Europa. Dass gerade die Herrscher von religiösen

Werten durchdrungen sein sollten, war im christlichen Abendland selbstverständlich, und entsprechend hatten immer schon Geistliche bei Hof in unmittelbarer Nähe zu den Mächtigen gelebt. Eigentlich nur für das Seelenheil des Herrschers zuständig, war es für die Priester im Alltag doch unvermeidlich, mit politischen Themen in Berührung zu kommen. War es noch eine Gewissens- oder schon eine politische Frage, wenn der König mit der Entscheidung rang, einen Krieg zu beginnen? Ging es bei königlicher Religionspolitik um Religion oder um Politik? Selbst solche Jesuiten, die ihre Rolle bei Hof eher zurückhaltend interpretierten und eine rein geistliche Perspektive bevorzugten, wurden immer wieder in politische Ränkespiele involviert.

In Frankreich wurde beispielsweise 1637 Pater Nicolas Caussin von Kardinal Richelieu – der gleichzeitig leitender Minister war – unter anderem deshalb in die Verbannung geschickt, weil er die internationale Politik Frankreichs im Dreißigjährigen Krieg als zu wenig katholisch kritisiert hatte. Und viele andere Jesuiten waren im Gegensatz zu Caussin sehr stark in die politischen Abläufe eingebunden und wollten dies vielleicht sogar. Ob Pater Wilhelm Lamormaini in Wien, Pater Guillaume Daubenton in Madrid oder Pater Edvard Petre am kurzfristig katholischen Hof in London unter Jakob II. – sie alle stehen bis heute in dem Ruf, Politik gemacht zu haben. Auch wenn man die tatsächliche Rolle dieser Hofbeichtväter entgegen allen Unterstellungen keineswegs überschätzen sollte, so sah sich General Acquaviva angesichts der zunehmenden Zahl solcher Aktivitäten und Vorwürfe doch zum Handeln gezwungen.

In den Jahren nach 1600 erließ er deshalb mehrere Anweisungen für Hofbeichtväter, die einerseits als Maßnahmen des Ordens gegen immer neue Vorwürfe zu sehen sind, andererseits für die Patres bei Hof als wichtige Leitlinie in ihrem zweifellos besonders schwierigen und unvorhersehbaren Geschäft dienen konnten. Der General bestand vor allem darauf, dass die Rolle eines Jesuiten bei Hof ausschließlich geistlich, das heißt als Beichtvater, zu verstehen sei. Weltliche Machtausübung wurde dagegen ausdrücklich als falsch abgelehnt. Dass diese Formulierungen mitsamt den (wenigen) praktischen Instruktionen für unsichere Ordensbrüder unter solch herausfordernden Umständen wirklich hilfreich waren, kann man allerdings mit Fug und Recht bezweifeln. Oft genug dürften pauschale Schlagworte wie «geistlich», «weltlich» oder «politisch» im Einzelnen nicht weitergeholfen haben, denn es war ja gerade umstritten, was noch geistlich oder schon weltlich war. Dennoch war die Festlegung Acquavivas ein wichtiger Schritt, denn seine Instruktionen verdeutlichten für jedermann, dass an dieser Stelle erhöhte Vorsicht zu herrschen hatte und insgesamt ein Imperativ der Zurückhaltung gelten sollte.

Politische Konflikte um den Orden

Wie notwendig dies war, zeigten exemplarisch zwei Krisen in Acquavivas Regierungszeit. Sowohl im katholischen Frankreich als auch im protestantischen England wurden die Jesuiten in viel diskutierte politische Komplikationen verstrickt.

Frankreich war in der zweiten Hälfte des 16. Jahrhunderts in einem unübersichtlichen Bürgerkrieg versunken, der sich nicht nur, aber doch wesentlich entlang konfessioneller Trennlinien entzündet hatte. Neben einer aktiven protestantischen Fraktion gab es eine eher moderate, oft mit dem König assoziierte katholische Partei sowie eine ultrakatholische Gruppe. Alle Parteien kämpften jahrzehntelang in unterschiedlichen Konstellationen und mit sehr wechselhaftem Erfolg mit- und gegeneinander. Offene Gewalt, einschließlich blutiger Massaker, war allgegenwärtig. Die Jesuiten waren zwischen den katholischen Lagern gespalten. Für den Orden, der in Frankreich ohnehin seit jeher mit großer Skepsis betrachtet wurde, war es eine Herausforderung, sich in der politischen Landschaft zu positionieren. Die Lage verschärfte sich ab 1589, als infolge von dynastischen Zufällen ein Protestant König von Frankreich wurde: Heinrich IV., der dafür zum Katholizismus konvertierte. Als 1594 ein Katholik einen Mordanschlag auf Heinrich verübte, entlud sich die politische Spannung gegen die Jesuiten, die daraufhin in weiten Teilen Frankreichs verboten wurden. Erst 1603 rief der König den Orden zurück, und die Jesuiten gingen nun ein besonders enges Bündnis mit der französischen Monarchie ein. Als Heinrich dann 1610 Opfer eines weiteren, diesmal tödlichen Anschlags wurde, war die Existenz des Ordens im Land erneut stark bedroht, doch die französischen Jesuiten beteuerten erfolgreich ihre Loyalität zur Krone. Seither waren die französischen Jesuiten besonders eng mit dieser verbunden. Nicht zuletzt im Kontext dieser Krise versuchte Acquaviva auch den französischen Jesuiten zu helfen, indem er mit Blick auf politiktheoretische Stellungnahmen zur Zurückhaltung aufrief. An der grundsätzlichen Loyalität gegenüber Monarchen und Fürsten dürften Jesuiten nicht rütteln. Vor allem verbot er 1610 und 1614 in direkter Reaktion auf die Attentate in Frankreich die Auffassung vom legitimen Tyrannenmord, die einige spanische Jesuiten zuvor wenigstens ansatzweise vertreten hatten.

Etwa gleichzeitig wurde auch England, wo seit mehreren Jahrzehnten protestantische Könige regierten, zu einer schwierigen Herausforderung für die Jesuiten, vor allem nachdem Königin Elisabeth durch Papst Pius V. 1570 exkommuniziert worden war. Seitdem wurden in England die antikatholischen Maßnahmen mitsamt einer regen Propaganda verschärft. In dieser Konstellation wirkten schon seit Längerem einzelne Jesuiten jenseits des Kanals, ehe 1580 dort auf Drängen der sehr umtriebigen katholischen englischen Minderheit eine offizielle «Mission» eingerichtet wurde, um die Katholiken in England seelsorgerisch zu betreuen. Da die Patres in England direkt mit dem Tod als Hochverräter bedroht wurden, mussten sie ihre Tätigkeit grundsätzlich im Verborgenen ausüben. In dieser sehr spezifischen Situation gingen die Jesuiten in England notgedrungen dazu über, im Untergrund zu arbeiten. Die Patres verschleierten ihre Zugehörigkeit zum Jesuitenorden und ersannen Mittel, um ihre Identität zu verbergen, ohne dabei ausdrücklich zu lügen. Dennoch starben im 17. Jahrhundert in England nicht weniger als achtundzwanzig Jesuiten auf dem Schafott.

Paradoxerweise ergaben sich für die Jesuiten mit Blick auf England in politiktheoretischer Hinsicht also ganz andere Präferenzen als in Frankreich: Stellten die französischen Ordensleute ab 1604 ihre Loyalität zur Krone geradezu ostentativ zur

Schau, so bereitete die Forderung der englischen Monarchen nach einem Loyalitätseid den dortigen Jesuiten größte Schwierigkeiten. Wie konnte man einer Königin oder einem König Treue schwören, der die Katholiken unterdrückte und vom Papst exkommuniziert worden war? Nicht zuletzt mit Blick auf die englischen Verhältnisse vertraten jesuitische Theoretiker wie Robert Bellarmin deshalb die Auffassung von der «indirekten Macht» des Papstes gegenüber weltlichen Herrschern. Zwar dürfe der Papst tatsächlich keinem Monarchen in politische Belange hineinregieren, denn geistliche und weltliche Sphären waren getrennt und sollten das bleiben. Sofern jedoch politische Maßnahmen – wie in England der Fall – das Gewissen der Gläubigen bedrängten, habe der Papst in Ausübung seiner geistlichen Autorität das Recht, Katholiken beispielsweise von der Gewissenspflicht eines Gehorsamseides zu befreien. Diese Position allerdings war wiederum für französische Jesuiten, die ihre absolute und uneingeschränkte Loyalität gegenüber ihrem Monarchen betonen wollten, schwer zu vermitteln, denn in Bellarmins Position lag potentiell auch eine Einschränkung französischer Königsmacht. Angesichts der widersprüchlichen politischen Konstellationen bestand für die Jesuiten durchaus die Gefahr, sich hier in systematische Widersprüche zu verstricken. Auch im Bereich der Politik kristallisierten sich um 1600 die langfristig für das Verhalten der Jesuiten bestimmenden intellektuellen und sozialen Konstellationen heraus.

Organisatorische Verdichtung und interne Kritik

Insgesamt war die Amtszeit Acquavivas ein Moment des Übergangs von «Charisma» zu «Institutionen» (Max Weber). Solche Transformationen verlaufen nie ohne Reibungsverluste. Im Inneren des Ordens war die Konsolidierung von heftigen Krisen und Konflikten begleitet. Man spricht heute manchmal von «innerjesuitischem Antijesuitismus». Auf der außerordentlichen fünften Generalkongregation 1593 – auch davor und danach – kam es zu offenem Widerstand gegen Acquavivas Linie, wobei er zeitweise auch Papst Clemens VIII. und den spanischen

König Philipp II. gegen sich hatte. Von grundlegender Umorganisation des Ordens war die Rede, allerdings letztlich ohne Erfolg. Auch danach noch musste Acquaviva anerkennen, dass auf allen Ebenen weiterhin Diskussionsbedarf über «Probleme» (*detrimenta*) bestand. Darum bat er die Ordensmitglieder – erneut im mittlerweile typischen bürokratischen Verfahren einer standardisierten Umfrage – um Mitteilung ihrer Sorgen und Verbesserungswünsche. Da ihn zahlreiche Rückmeldungen erreichten, rief er 1608 eine weitere außerordentliche Generalkongregation zusammen, um diese Problemthemen zu bearbeiten. Die Unruhe innerhalb des Ordens wurde gezielt – und geschickt – durch das administrative Verfahren eingefangen und kanalisiert, zugleich aber auch fruchtbar gemacht.

Allerdings konnte Acquaviva dadurch nicht die langfristig wirksamste Artikulation von interner Kritik verhindern. Ganz am Ende von Acquavivas Regierungszeit 1614 veröffentlichte ein polnischer Exjesuit, Hieronymus Zaharowski, eine antijesuitische Schrift, die enorme Auswirkungen auf die öffentliche Diskussion über den Orden bekommen sollte – weltweit und bis heute. Die *Monita Secreta* dieses Ausgeschlossenen waren eine literarische Fiktion, die vorgab, die geheimen und nur intern zirkulierenden «echten» Regeln des Ordens zu präsentieren. Er wollte seinen ehemaligen Orden desavouieren, indem er ihm eine bösartige geheime Agenda unterstellte, die gegen viele herrschende Moralregeln verstoße. Dieses antijesuitische Pamphlet, das den Orden als bösartige und geheimnistuerische Institution anklagte, wurde zu einer Blaupause für spätere Attacken auf die Gesellschaft Jesu.

In gewissem Sinne zeigen all diese Konflikte und Polemiken, dass um 1600 wichtige Veränderungen eingetreten waren. Die internen Kritiken und auch die Art und Weise, wie Zaharowski den Orden porträtierte, spiegelten eine Organisation wider, die stärker verfestigt, administrativ gut organisiert, selbstbewusst und mit einem öffentlich sichtbaren Profil versehen war. Die Kritiker mochten dies vielleicht nicht leiden, aber sie hatten mit ihrer Diagnose nicht Unrecht. Denn unter Acquaviva vollzog der Orden eine schwierige Transformation von einer begeisterten charismatischen Bewegung zu einer sozialen Organisation mit ausgeprägten Strukturen. Sein Generalat war in puncto administrative Organisation eine entscheidende Phase der Fixierung. Es war gewiss nicht ganz aus der Luft gegriffen, als Acquavivas Gegner kritisierten, er «regiere den Orden mit Papier». Trotz der unschönen Konflikte der 1590er-Jahre ist zu betonen, dass die Jesuiten diesen organisationssoziologisch unvermeidbaren Übergang im Unterschied zu manch anderen Orden in der Geschichte insgesamt recht erfolgreich gemeistert haben. Acquaviva gab seinem Orden in den Jahren um 1600 gegen alle Widerstände auf der Basis einer starken spirituellen Grundlage zukunftsfähige Leitlinien und Strukturen.

4. Auf der Höhe der Zeit: Führungsrolle in Wissenschaft, Kultur und Mission (1600–1720)

Auf die lange Regierungszeit Acquavivas folgte die fast ebenso lange Amtsperiode seines Nachfolgers Muzio Vitelleschi. Dieser kam allerdings ohne außerordentliche Generalversammlungen aus. Das war zwar sicherlich auch dem Dreißigjährigen Krieg geschuldet, der ganz Europa erfasste und für die Jesuiten viele Probleme mit sich brachte. Nicht wenige mussten fliehen, etliche Niederlassungen gingen in Flammen auf. Doch die Ruhe unter Vitelleschi war auch ein Resultat von Acquavivas Leistungen. Auf der Basis der von ihm geschaffenen, gewiss beschränkten, aber eben doch belastbaren Synthese konnte sich der Orden in den folgenden Jahrzehnten zu jenem Höhenflug aufschwingen, der ihn im 17. Jahrhundert zum kulturellen Schwergewicht und zum Dynamo europäischer Kulturgeschichte daheim und in Übersee machte. Die Jahrzehnte nach 1600 sahen eine beeindruckende Entfaltung und Ausprägung jesuitischer Aktivitäten.

Die Mission in Übersee

So etwa im Bereich der Mission. Um 1600 entstand eine neue Generation von Missionsprojekten, die langfristig stilbildend werden sollten. Seit 1583 waren Jesuiten in China tätig; 1605 kam Roberto de Nobili in Indien an und begann im Südosten des Subkontinents ein Jahr später seine wegweisende Arbeit in Madurai; 1610 wurde die erste jesuitische Missionssiedlung für Indianer («Reduktion») in Paraguay eingerichtet; seit 1611 waren die Jesuiten im französisch dominierten Teil Nordamerikas (dem heutigen Kanada) präsent. China, Indien, Paraguay und Kanada galten schon den Zeitgenossen als Musterbeispiele für die Jesuitenmission schlechthin. Sie standen für die Einsicht der Jesuiten, dass sich Missionare grundlegend auf die Lebensgewohnheiten vor Ort einlassen mussten, wenn sie erfolgreich arbeiten wollten. Jesuitenmissionare, so konnte man an diesen Missionen sehen, gingen geradezu in ihren Gastkulturen auf. Sie lernten die Sprachen und machten sich intensiv mit den Gewohnheiten ihrer neuen Umgebung vertraut, auch wenn sie dies oft unendliche Mühen kostete. Sie waren bereit dazu, ihre alltägliche Lebensführung bis zur Unkenntlichkeit anzupassen.

Matteo Ricci, der wegweisende Missionar in China in den Jahren nach 1600, experimentierte beispielsweise zunächst damit, als buddhistischer Mönch wahrgenommen zu werden, ehe er umschwenkte und – viel erfolgversprechender – das Aussehen, die Alltagsgewohnheiten und die intellektuelle Kultur der chinesischen Intellektuellen-Beamten, der Mandarine, annahm. De Nobili in Indien wurde zum strikten Vegetarier, um mit den hinduistischen Brahmanen ins Gespräch kommen zu können, während Paul Le Jeune in Kanada etwa gleichzeitig im harten arktischen Winter 1633/34 mit den Montagnais-Indianern durch die verschneiten Wälder streifte, in verrauchten Tipis übernachtete, fror, hungerte und von den jungen Trieben der Nadelbäume lebte.

Die Reduktionen in Paraguay (es umfasste das heutige Dreiländereck Paraguay, Brasilien, Argentinien) setzten einerseits lediglich eine ältere Idee der örtlich ansässigen Franziskaner um,

Matteo Ricci in chinesischer Tracht *(links)* zusammen mit dem Konvertiten Xu Guangqi. Kupferstich aus Athanasius Kirchers Werk *China illustrata* von 1667

implementierten jedoch vor allem in großem Stil die Lehren, die man in den vorhergehenden Jahren in Julí am Titicacasee gemacht hatte. Bei den *reducciones* handelte es sich um mehrere Dutzend abgelegene Missionsdörfer im Dschungel, in denen teilweise mehrere Zehntausend Menschen lebten, die dort von einigen Patres betreut wurden. Da es sich um gänzlich neue Ortschaften handelte, konnten sie diese auch architektonisch ganz nach ihren Wünschen anlegen. Das Ergebnis waren geometrische Siedlungen mit barocken Steinkirchen mitten im Urwald. Vor allem in den beiden Amerikas spielte das Modell abgeschotteter Missionsdörfer ausgehend von Paraguay bald auch anderswo eine wichtige Rolle.

Mit dieser nach 1600 zu beobachtenden Verfestigung jesuitischer Missionspraxis im Sinne einer lokalen Einbettung der Missionare zog man in gewissem Sinne die Konsequenzen aus den vorhergehenden jahrzehntelangen Experimenten und Diskussionen um die richtige missionarische Vorgehensweise. Man

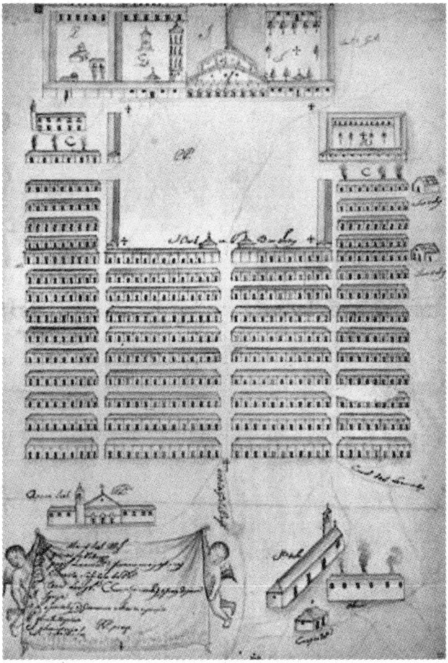

Der Plan der Reduktion von São Miguel Arcanjo in Brasilien zeigt die strenge Ordnung der Missionsdörfer, die den Jesuiten die Aufsicht und Arbeit erleichtern sollte.

hat den Jesuiten jener Zeit lange unterstellt, sie hätten mithilfe einer «Akkommodationsmethode» missioniert, das heißt, sie hätten gezielt auf kulturelle Anpassung und kulturelle Integration gesetzt, vielleicht sogar eine «Indigenisierung» des Christentums forciert. Heute wirkt diese Idee einer ordenstypischen «Methode» oder gar «Theorie» hoffnungslos übertrieben, denn kaum einmal, und dann nur am Rande, haben die Jesuitenmissionare ihre Vorgehensweise systematisch beschrieben oder gar kulturtheoretisch vertieft. Über die Taten und Erfolge aller Jesuitenmissionare konnte man allerdings in zahllosen Publikationen lesen. Der ganze Orden nahm an den missionarischen Erlebnissen Anteil. Nicht zuletzt durch die intensive mediale Verbreitung und Zurschaustellung des chinesischen oder indischen Lebensalltags der Missionare wurde ihr auf lokale Einbettung abzielendes Verhalten gewissermaßen zum Goldstandard. Selbst wenn er also auf keinen Fall eine ausgefeilte Theorie der Mission hatte, verfügte der Orden aufgrund der vielen publizierten Erfahrungen dennoch über einen großen Schatz an Vorbildern, an denen sich spätere Generationen in der Regel orientierten. Auf dieser Basis erfolgte dann im 17. und frühen 18. Jahrhundert die weitere globale Ausbreitung der jesuitischen Missionen. Bis in die abgelegensten Weltregionen – Patagonien, Baja California, die Marianen im Pazifik – reisten die Jesuiten.

Wichtig für die Missionare war stets die Kooperation der Obrigkeiten. Fürsten und Regierungen unterstützten die Jesuiten. Beide Seiten waren aufeinander angewiesen. Zwar stellten sich die Jesuitenmissionare – wie die Missionare etlicher anderer Einrichtungen – immer wieder in Einzelfragen gegen die weltlichen Obrigkeiten. Besonders heftigen Streit gab es um die Frage, wie die europäischen Kolonisten die indigenen Bewohner behandeln dürften. Berühmt ist etwa der Widerstand der Jesuiten in Brasilien gegen die Versklavung der Indios. Pater Antonio Vieira, ein erstklassiger portugiesischer Prediger und Theologe, der jahrelang in Südamerika tätig war, wandte seine ganze rhetorische Schärfe und seine Erfahrung als prominentes Mitglied des portugiesischen Hofes auf, um die *bandeirantes*, die Sklavenfänger aus São Paulo, in ihrem Vorgehen zu mäßigen. Dabei hatten er und seine Gefolgsleute im 17. Jahrhundert zumindest gelegentlich durchaus Erfolg. Auch die Zusammenführung der Indianer in den Reduktionen in Paraguay diente nicht zuletzt – und zumindest mit moderatem Erfolg – dem Schutz der Indianer vor Versklavung.

Doch sollte man die Frontstellung der Patres gegen die Siedler und Obrigkeiten nicht glorifizieren oder überbewerten, denn es gab auch eine andere Seite der Jesuitenmission. Häufig kooperierten Ordensleute und Kolonisten nämlich bestens. Bei allen Versuchen, illegale Ausbeutung zu verhindern, tolerierten die Jesuiten in vielen Fällen den Arbeitseinsatz der Indigenen, auch dort, wo er erzwungen wurde. Die Patres intervenierten vor allem dann, wenn sie ihre Missionsaktivitäten direkt gefährdet sahen. Auch dort, wo mutige Jesuiten den Konflikt mit mächtigen und teils gewaltbereiten Kolonisten auf sich nahmen, ging es keineswegs um echte Selbstverantwortung der Missionierten.

Vielmehr hatten beispielsweise in den Reduktionen eindeutig die jesuitischen Patres das Sagen, gaben die Struktur des Alltags vor und bestimmten bis ins Detail, wie die Indianer zu leben hatten. Die klare städtebauliche Struktur der Reduktionen kam ihren Kontrollabsichten zusätzlich entgegen. Auch die Versklavung von Menschen und den Sklavenhandel duldeten und legitimierten die Jesuiten in der Frühen Neuzeit fast ausnahmslos. Vielleicht waren sie dabei etwas skrupulöser und weniger enthusiastisch als andere Befürworter, doch dies hinderte sie keineswegs daran, selbst Tausende von Sklaven in vielen Weltregionen zu kaufen, zu besitzen und zu verkaufen, und zwar bis ins 19. Jahrhundert.

Grundsätzlich sahen die Patres ihre Missionen recht unkompliziert als integralen Teil europäischer Herrschaft. Sie standen meist voll und ganz hinter den kolonialen Plänen ihrer jeweiligen Monarchen. Sie waren nicht nur Apostel des Evangeliums, sondern auch «Apostel des Imperiums», wie kürzlich zu Recht geschrieben wurde (B. McShea). Entsprechend griffen sie wie selbstverständlich auch auf die militärische Infrastruktur der Kolonisten zurück. Weder in Paraguay noch in Kanada, weder im Norden Mexikos noch in Indien agierten die Jesuiten wirklich unabhängig von weltlicher militärischer Deckung; die Situation in China und einigen anderen Regionen Asiens, wo es tatsächlich keinerlei militärischen Schutz durch Europäer gab, war eher eine Ausnahme. Zu grundsätzlichen Gegnern der europäischen Kolonialexpansion sollte man die Jesuiten deshalb nicht verklären. Wenn es Konflikte mit den Monarchen oder Siedlern gab, ging es eher um die Konkurrenz verschiedener Herrschafts- und Kontrollmodelle als um eine grundsätzliche Opposition gegen europäische Expansionsbestrebungen.

Die Frage nach dem Erfolg der Jesuitenmission ist schwer zu beantworten. Quantitativ gesehen blieben die Konversionen oft weit hinter den Erwartungen zurück. Obendrein waren viele Bekehrungen eher oberflächlich. In China blieb das Christentum auch langfristig die Religion einer marginalen, verschwindend kleinen Minderheit. Die Hinführung der *Native Americans* zum Christentum war ein Weg mit vielen Rückschlägen, was nicht zuletzt mit dem Massensterben infolge europäischer Krankheiten zusammenhing. Über die tatsächliche religiöse Überzeugungskraft Roberto de Nobilis wurde schon unter den Zeitgenossen gestritten. Viele Missionen kamen nie ernsthaft über den Status eines Nebenkriegsschauplatzes hinaus. Das betrifft etwa die Niederlassung in Isfahan/Persien (seit 1646) oder die mit großen Erwartungen begonnene Arbeit im Norden des indischen Subkontinents, im muslimischen Mogulreich (seit 1573) und in Tibet (seit 1624), oder, etwas später, in Siam, dem heutigen Thailand (seit 1655). Viele andere Missionsaktivitäten des Ordens scheiterten sogar gänzlich. Zu den größten Katastrophen gehörte die von Franz Xaver selbst 1549 so hoffnungsvoll begonnene Mission in Japan, die in den 1620er-Jahren mit dem blutigen Martyrium etlicher Jesuiten und vieler japanischer Christen endete. 1634 wurde die ebenfalls phasenweise prosperierende Mission einer Handvoll Jesuiten in Äthiopien gewaltsam beendet. Die Mission in Südwestafrika, im Kongo (seit 1547) und in Angola (1560) brachte zunächst zwar einige Erfolge, langfristig jedoch wurden sie ebenfalls weitgehend zunichte gemacht.

Unabhängig vom tatsächlichen Bekehrungserfolg ist zu konstatieren, dass die Missionsaktivitäten der Jesuiten einen kaum zu überschätzenden, fundamentalen Einfluss auf die Gestalt des frühneuzeitlichen Christentums hatten und es dauerhaft veränderten, und zwar in mehrerlei Hinsicht. Schritt für Schritt trugen die Jesuiten, *erstens,* dazu bei, den religiösen und kulturellen Horizont des Katholizismus enorm zu erweitern. Die vielfältigen Kontakte mit den verschiedensten nichtchristlichen Religionen führten nach und nach zu einem stärker vergleichenden Blick auf die Weltreligionen. Zwar blieben die Jesuiten bis weit ins 20. Jahrhundert hinein von der absoluten Überlegenheit des Christentums überzeugt. Ihre Stellungnahmen zum Hinduismus, Buddhismus oder Islam waren überwiegend apologetisch, polemisch und einseitig pro-christlich. Und doch trugen die Missionserfahrungen entscheidend dazu bei, dass spätestens im 18. Jahrhundert vermehrt nicht nur über die Unterschiede, sondern auch über die Gemeinsamkeiten und Entsprechungen der

Religionen und Kulturen nachgedacht wurde. Frühneuzeitliche Jesuiten hätten niemals eine Relativierung des Christentums befürwortet, und doch regte die wachsende Vertrautheit mit fremden Religionen auch dazu an, eigene Gewohnheiten (kritisch) in neuem Licht zu sehen. *Zweitens* sorgte die jesuitische bzw. katholische Mission dafür, dass neben den nichtchristlichen Religionen der Welt auch viele an sich altbekannte Varianten des Christentums neues Interesse auf sich zogen. Trotz der besonderen (negativen) Prominenz der Protestanten im Denken der Jesuiten darf nicht übersehen werden, dass auch die zahlreichen Christentümer des Nahen Ostens (Maroniten, Kopten u.a.) sowie die orthodoxen Kirchen Ost- und Südosteuropas von ihnen intensiv beobachtet und missionarisch bearbeitet wurden.

Vor allem unterstützte die Missionserfahrung, *drittens,* neue Akzentsetzungen im katholischen Christentum selbst. In der Mission machten die Patres oft die Erfahrung, dass viele vermeintlich erfolgreiche Bekehrungen letztlich oberflächlich blieben. So wurde deutlich, dass Bekehrung und Glauben mehr als nur äußerliche Veränderung brauchten. Kennzeichen «echter» Bekehrungen zum Christentum sollte vor allem ein innerer Wandel sein. Es ging darum, im Glauben «ein neues Selbst zu werden» (M. Sluhovsky). Das wiederum, so lernten die Jesuiten, ließ sich, wenn überhaupt, nur durch langwierige beharrliche und dialogische Arbeit am Glauben erreichen, die einerseits eine aktive Teilnahme der Gläubigen, andererseits tiefes Engagement der geistlichen Betreuer erforderte. Deshalb waren die Patres meist sehr zurückhaltend mit der Taufe und spendeten das Sakrament erst nach langer Prüfung, sieht man einmal vom Sonderfall der Nottaufe in akuter Todesgefahr ab. So trugen die Missionserfahrungen entscheidend dazu bei, dass für die Jesuiten ein verändertes Verständnis davon entstand, was «Glauben» im Christentum eigentlich sein sollte, nämlich mehr als das floskelhafte Ausführen äußerer Handlungen wie Kreuzzeichen, Beichte oder Kommunion. Das Glauben sollte tiefer gehen, existentieller, von innerlicher Ernsthaftigkeit und Ergriffenheit sein. Für solche Ideen gab es zwar ältere Vorbilder, an die die Jesuiten anknüpften, doch letztlich entstand hier ein neues, bis heute dominantes Modell von Glauben.

Mission in Europa

Es konnte nicht ausbleiben, dass man auch die Verhältnisse daheim in Europa in diesem Licht noch einmal überdachte. Die Mission der Jesuiten war keineswegs auf die überseeischen Gebiete beschränkt. Im Gegenteil, die Versuche, Inder, Indianer oder Chinesen zu christianisieren, standen für die Jesuiten Seite an Seite mit entsprechenden Kampagnen zur Missionierung Europas. Denn nicht nur die Protestanten, sondern auch die katholische Bevölkerung daheim war in den Augen der Jesuiten – und bald auch vieler anderer Ordensleute – letztlich missionsbedürftig. Das galt vor allem für die Peripherien Europas, die unzugänglichen Bergregionen, abgelegenen Inseln und sozialen Brennpunkte, aber im Grunde genommen auch für die katholischen Zentren, die Städte und Eliten. Selbst die Geistlichkeit bedurfte in weiten Teilen noch einer echten Christianisierung – so sahen das zumindest viele Jesuiten. Entsprechend parallelisierten die Ordensleute die Lage in Übersee gerne mit den Verhältnissen innerhalb Europas. Sardinien oder die Pyrenäen, die entlegene Bretagne oder das exotische Süditalien waren «unser Indien». Umgekehrt lobten Jesuiten in Übersee immer wieder die indigenen Bevölkerungen Amerikas oder Asiens, die viel leichter zu christianisieren seien als europäische Seeleute, Bauern oder Hirten – oder als Protestanten. Deren Bekehrung widmete sich der Orden in Deutschland, Schlesien oder Frankreich ebenfalls sehr intensiv, nicht selten unter Einsatz von Zwang und Gewalt. Glaubensintensivierung bei den Katholiken, Rekatholisierung der Protestanten und Christianisierung der Nichtchristen – diese drei Tätigkeiten unterschieden sich für die Jesuiten eher graduell als grundsätzlich und waren, bei allen Unterschieden in der Praxis, letztlich nur Punkte auf einem missionarischen Kontinuum.

Ignatius selbst hatte bereits vorgeführt, was es heißen könnte, innerhalb Europas in diesem Sinne als Missionar zu wirken. Als er 1535 zum letzten Mal in seiner Heimat war, versuchte er dort das religiöse Leben zu reformieren und zu intensivieren. Andere Jesuiten der ersten Generation, etwa Nicolás Bobadilla, einer der ersten Gefährten, oder vor allem Silvestro Landini, lebten und wirkten bevorzugt als missionarische Wanderprediger in den wenig erschlossenen Landstrichen der italienischen Berg- und Inselwelt. General Acquaviva brachte auch auf diesem Feld die vielfältigen Ansätze in eine kohärentere Form. In einer Reihe von Instruktionen und Rundbriefen, verstärkt durch ein Dekret (Nr. 46) der Generalkongregation 1593 erhob er die «Mission» zur Aufgabe aller Provinzen. Allmählich entwickelte sich in den folgenden Jahren eine Art Standardmodell dieser Kampagnen: Bevorzugt in Zweiergruppen reisten die Missionare jährlich von Dorf zu Dorf, blieben jeweils für mehrere Tage und absolvierten ein dichtes Programm von Messen, Beichten, Predigten, Prozessionen und Katechismusunterricht. Selbstgeißelungen der Gläubigen wie der jesuitischen Missionare gehörten bald zum Grundbestandteil dieser spektakulären Ereignisse, um den Bußcharakter der Frömmigkeit zu unterstreichen. Ganz wichtig war Acquaviva, dass diese «inneren» oder «Volksmissionen» gezielt größere Gruppen von Gläubigen ansprechen sollten. Der General kalkulierte mit einem Gemeinschafts- und Masseneffekt. Das Zusammenspiel von jesuitischen Volksmissionaren mit dem Kollektiv der Gläubigen sollte in eine glaubensverändernde geistliche Dynamik münden. Für derart komplizierte Veranstaltungen brauchte es Spezialisten – auch in Europa wurde «Mission» deshalb zu einer besonderen Aufgabe für eine immer nur relativ kleine Gruppe von Patres. Volksmissionare wie Paolo Segneri sen. in Italien oder Pedro de Calatayud in Spanien wurden zu Berühmtheiten, ebenso wie die schon genannten Ikonen der Überseemission.

Seelsorge, Medien und Künste

Nicht nur bei den Missionen, sondern generell in der Seelsorge versuchten die Jesuiten, die Menschen insbesondere mithilfe von multimedialen Spektakeln zu begeistern, die sie aus ihrer vermeintlichen geistlichen Lethargie und Sorglosigkeit reißen sollten. Komplexe Lichtarrangements bei Nacht sollten beispielsweise bei Prozessionen dramatisierende Hell-Dunkel-Effekte erzeugen, Requisiten wie Totenköpfe oder Stricke führten die Unausweichlichkeit und Unvorhersehbarkeit des Todes vor Augen. Ganz gezielt bediente sich jesuitische Frömmigkeit im 17. Jahrhundert direkt bei den Illusionstechniken des Theaters, denn sinnliche Aufrüttelung sollte zur Überwindung menschlicher Teilnahmslosigkeit beitragen. Theater und Predigt befruchteten sich wechselseitig.

Dieselbe Bandbreite an Medien wurde in der Heidenmission eingesetzt, selbst wenn man dort wegen logistischer Probleme bisweilen gezwungen war, Abstriche zu machen. Doch auch die Mission in Kanada, Indien oder China lebte stets vom gezielten und genau kalkulierten Medieneinsatz. Dabei wurden von den Patres mit Blick auf die lokalen Verhältnisse unterschiedliche Künste bevorzugt. In China erregte bereits Matteo Ricci große Aufmerksamkeit für sich und die europäische Kultur, als er großformatige Weltkarten im europäischen Stil für chinesische Leser und Betrachter produzierte. Später setzten die Jesuiten in China dann auch auf Ölmalerei, um mit der lokalen Elite und vor allem dem Kaiserhof ins Gespräch zu kommen. Vor allem im 18. Jahrhundert entwickelte sich ein eigenständiger Kunststil am Kaiserhof, der europäische Maltechniken mit chinesischen Bildvorlagen und Darstellungsmustern oft sehr harmonisch verband. In Südamerika dagegen war es insbesondere die Musik, die von den Jesuiten in Zusammenarbeit mit der indigenen Bevölkerung eingesetzt wurde. Nicht wenige Künstler, die diese religiösen Artefakte schufen, kamen aus der lokalen Bevölkerung. Es kam zu vielfältigen Durchdringungsphänomenen europäischer und indigener Inhalte und Darstellungskonventionen («Hybridisierung»).

Auch Architektur, Bildhauerei und Malerei fanden regen Einsatz im Dienste der jesuitischen Glaubensvermittlung. Da sich der Orden beinahe ununterbrochen ausbreitete, musste immer mehr gebaut werden. Auf dem Höhepunkt seiner vormodernen Ausdehnung bestanden weit über eintausend Stützpunkte, viele

Gemälde aus der Serie «Zehn große Feldzüge», die Missionare der Jesuiten Ende des 18. Jahrhunderts am Hof des chinesischen Kaisers schufen.

davon aus mehreren Gebäuden bestehend und sehr häufig mit einer eigenen Kirche oder wenigstens Kapelle ausgestattet. In den Dschungel-Reduktionen Paraguays wurden große Steinkirchen errichtet. Die architektonisch eindrucksvollen Kollegien in den Kolonialstädten Amerikas und Asiens wurden in lokal angepassten Bauformen des Barock gestaltet. In Europa waren die Jesuitenniederlassungen prägende städtebauliche Erkennungszeichen und gehörten oft zu den größten Baustrukturen vor Ort. Die Mutterkirche des Ordens in Rom, Il Gesù, wurde zur Inspiration für einen ganzen Typus an neuen Barockkirchen weltweit. Wie Il Gesù wurden auch viele andere dieser Anlagen von Jesuiten geplant, einige sogar von ihnen selbst ausgeführt. Ordensleute wurden zu Architekten, Städteplanern, Dekorateuren – Andrea Pozzo, der große Illusionsmaler und Bühnenbildner, ist nur der Bekannteste von ihnen. Auch wenn – schon aus ökonomischen Gründen – keineswegs immer neu gebaut werden konnte und die Patres oft mit mediokren, ungeliebten und dysfunktionalen Räumen leben mussten, waren sie doch in vielen Fällen in umfassender Weise schöpferisch tätig. Sie entwickelten – entgegen älteren Ansichten – zwar niemals einen einheitlichen, zentral vorgeschriebenen Baustil, doch speziell ihre Kirchenbauten zielten, wie schon bei den Missionsaktivitäten zu sehen, ganz klar im Sinne eines synästhetischen Gesamteindrucks auf die sinnliche Überwältigung der Gläubigen ab.

Im Unterschied zu Architektur und Malerei war das Verhältnis des Ordens zur Musik anfangs eher ablehnend und blieb eine Weile ambivalent. Die Skepsis betraf vor allem die liturgische Musik, denn das Wort Gottes musikalisch zu umrahmen galt als potentiell ablenkend und gefährlich. Außerdem beteten und sangen die Jesuiten im Unterschied zu anderen Orden das Stundengebet nicht gemeinsam. Damit fiel ein wichtiger Bezugspunkt zur Musik ersatzlos weg. Zugleich berichteten jedoch viele Jesuiten, dass erfolgreiche Seelsorge oftmals gerade vom Einsatz der Musik abhing, da die Gläubigen Liturgie und Musik als Einheit sähen. Skepsis und beschränkte Befürwortung hielten sich im Orden deshalb zunächst die Waage. Der Umgang mit Orlando di Lasso, dessen Werk einerseits umstritten war, dessen Musik aber andererseits häufig von den Jesuiten in verschiedenen Kontexten benutzt wurde, ist für diese ambivalente Haltung ein gutes Beispiel.

Vor allem im 17. Jahrhundert jedoch wurde die Musik in der Gesellschaft Jesu immer wichtiger, und zwar auf unterschiedlichen Ebenen, vom eher schlichten katechetischen Gesang über musikalische Gestaltung der Liturgie bis hin zur Aufführung großer Opern und Ballette. Zwar konnten keineswegs alle Jesuitenkollegien die Produktion aufwändiger musikalischer Inszenierungen stemmen, doch gerade die großen Institutionen, beispielsweise in Rom oder Paris, wurden Ende des Jahrhunderts für Musik- und Tanzkultur führend. Spezialisierte «Musikpräfekten» (*praefecti musici*) kümmerten sich um diese Aufgaben. Sie verantworteten die Planung, Probe und Präsentation der Stücke und komponierten auch selbst. Martin Schmid, ein Schweizer Missionar in Südamerika, schrieb ein umfangreiches Œuvre an Stücken für den Einsatz vor Ort. Anders als ihre Mitbrüder auf den Feldern Architektur oder Malerei hatten die komponierenden Jesuiten allerdings kaum einmal eine größere überregionale Ausstrahlung.

Fromme Literatur und jesuitische Frömmigkeit

Führend waren Jesuiten außerdem im Umgang mit dem Wort. Nicht umsonst gab es im Orden bald eine eigene Tätigkeit des «Schriftstellers». Die Jesuiten gehörten zur Bildungselite ihrer Zeit. Sie hatten allesamt lange studiert, wurden nach der *Ratio* literarisch und wissenschaftlich geschult, verfügten über rhetorisches und philologisches ebenso wie physikalisches und mathematisches Wissen. Es war von daher kein Wunder, dass die Jesuiten auf allen erdenklichen Kulturfeldern schreibend und forschend tätig wurden. Zahlreiche ihrer Literaten zählten zu den prominentesten Latinisten ihrer Zeit. Andere Jesuiten schrieben in den Volkssprachen, gerade dort, wo diese bereits den Sprung zu Literatursprachen geschafft hatten. Sie produzierten beispielsweise Zehntausende von Theaterstücken, die sie weltweit bis zum Ende des 18. Jahrhunderts in ihren Kollegien mit großer Begeisterung aufführten. Dabei konnte es auf den Bühnen hoch hergehen, denn schon ab dem ersten Viertel des 17. Jahrhundert entwickelten sich die Patres zu wahren Meistern spektakulärer Inszenierungen. Unter Anwendung modernster visueller Techniken konnten die Jesuiten Wind und Wasser, Licht und Dunkel und sogar die Pyramiden Ägyptens auf ihre Bühnen bringen (Rom 1694: *Tolomeo*). Die Bühnenstücke sprachen als Gesamtkunstwerke alle Sinne an, und das war pädagogisch gewollt. Jesuitendichtung und -theater sollten in Erinnerung bleiben. Sie sollten zwar stets einen orthodox katholischen Grundtenor haben, doch diesen konnten und sollten sie keck, pointiert, witzig und bisweilen auch etwas frivol oder einfach nur imposant pointieren.

Neben Dichtung und Literatur in allen erdenklichen Genres produzierten die Jesuiten zudem eine ungeheure Menge an religiösen Gebrauchstexten aller Art. Katechismen, Gebetbücher, Meditationsanleitungen, fromme Biographien und ähnliche Texte zählten zu den prominenteren Literaturgenres. Häufig entstand diese religiöse Gebrauchsliteratur der Jesuiten in mehr oder weniger engem Zusammenhang mit bestimmten Institutionen oder konkreten spirituellen Anlässen. Vieles davon war zunächst für einzelne Bruderschaften verfasst. Bruderschaften – oder Kongregationen bzw. Sodalitäten – waren fromme Laienassoziationen, oft mit karitativer Zielsetzung. Seit dem Spätmittelalter gab es sie überall in großer Zahl. Die Jesuiten griffen diese Organisationsform auf und machten sie zu einem zentralen Instrument ihrer Seelsorge, vor allem in Gestalt der zahllosen seit 1563 weltweit gegründeten *Marianischen Kongregationen* – Bruderschaften, die sich besonders der Verehrung Marias verpflichtet fühlten und zur dominanten Form jesuitischer Laienorganisation wurden. Vieles an frommer Literatur entstand nun für diese Gruppierungen.

Um auf all diese konkreten frommen Milieus und Kontexte eingehen zu können, mussten die Schriftsteller des Ordens virtuos viele verschiedene Register bedienen lernen – und genau das taten sie. Jesuitische Autoren konnten elegant und für Eliten schreiben, genauso wie in ganz einfachem Stil für eine breite Masse mit wenig Geld und Zeit für die Lektüre. Um den Adressatenbezug zu gewährleisten, verfassten die Jesuiten fromme Literatur zudem in zahlreichen Sprachen, auch jenen der neuen Welten. Ihr linguistisches Interesse war enorm. Vor allem aus missionarischen Motiven erlernten weit gereiste Jesuitenmissionare im Verlauf des 17. und 18. Jahrhunderts Hunderte von Sprachen. In vielen Fällen waren sie die Ersten, die Grammatiken, Wörterbücher oder Schriftzeichen schufen. Die moderne Buchstabenschrift des Vietnamesischen (*Quốc Ngữ*) beispielsweise geht zurück auf eine internationale Gruppe von Jesuitenmissionaren, die um 1650 vor Ort waren. Missionarslinguistik und fromme Literaturproduktion hingen eng miteinander zusammen.

Trotz aller Variation im Einzelnen zielte die jesuitische Publizistik überwiegend auf Ausgestaltung und Popularisierung einer Art von Religiosität, die man oft «Barockfrömmigkeit» nennt. Diese Frömmigkeit, die die Jesuiten zunächst aktiv entfalteten und mit der sie später auch zu ihrem Nachteil langfristig verbunden wurden, griff Elemente der christlichen Mystik auf, aber in einer begrenzten und kontrollierten, pragmatisch anschlussfähigen Weise. Es ging dabei nicht um die Idee, es müsse nun massenhaft geistliche Höhenflüge geben; eher ging es um die verstärkte Färbung der Frömmigkeit durch eine Sprache der Innerlichkeit, um einen Tonfall des Glaubens, der von innerer Ergriffenheit zeugte, sowie um wirkmächtige Bilder und Symbole. Auch der häufige Bezug auf körperliche Phänomene zum Ausdruck religiöser Ernsthaftigkeit hatte hier eine Wurzel. So wurden beispielsweise die Visionen der Marguerite-Marie Alacoque vom Herz Jesu von den Jesuiten in die populäre Herz-Jesu-Frömmigkeit übersetzt.

Zudem vermittelte die jesuitische Frömmigkeitsliteratur die Version eines Christentums, in dem die transzendenten Mächte jederzeit alltagsnah eingriffen. Engel, aber auch Dämonen und Hexen waren für die Jesuiten reale innerweltliche Agenten. Seinem Schutzengel konnte man demnach ebenso leicht im Alltag begegnen wie dem Leibhaftigen. Heilige Gegenstände halfen bei allen möglichen Problemen, von Krankheiten bis zu Geburtsschwierigkeiten. Mit angemessenen Frömmigkeitsübungen konnte man versuchen, Wetterprobleme und Ernteausfälle zu vermeiden; die Anwendung von Weihwasser oder Reliquien half bei körperlichen Problemen oder seelischen Belastungen. Gott beobachtete, was die Gläubigen taten, er erhörte ihre Versprechen und Gelübde, reagierte allerdings auch beleidigt und strafend, wenn man sie brach – so das Szenario vieler jesuitischer Schriftsteller.

Wissenschaft und Forschung

Von diesem Berg an frommer Andachtsliteratur ist es nur scheinbar ein weiter Weg zur kaum minder großen wissenschaftlichen und gelehrten Produktivität der Ordensleute. Denn die Erforschung des Menschen, der Welt und des Kosmos war eben noch nicht strikt getrennt von religiösen Überlegungen. Für die Jesuiten gehörte Wissenschaft vielmehr zu ihrer christlichen Existenz ganz selbstverständlich dazu; sie sahen hier keinen grundsätzlichen Widerspruch. Gerade der berühmte «Fall» des Galileo Galilei in Rom ist dafür ein gutes Beispiel. In den Jahren bis 1616, als der Kopernikanismus Galileos (nicht aber dieser persönlich!) erstmals von den päpstlichen Behörden verurteilt wurde, hatten sich viele Jesuiten teilweise recht stark für den italienischen Forscher begeistert. Robert Bellarmin, einer der wenigen Jesuiten, die vor 1773 Kurienkardinal wurden, war in dieser Rolle direkt in die Untersuchung und Verurteilung involviert, hielt jedoch bis zuletzt seine schützende Hand über den ungestümen Wissenschaftler. Erst nach 1616, und dann vor allem nach Galileos zweiter, nun auch namentlicher Verurteilung 1633, die zu seinem Hausarrest führte, kritisierten viele Jesuiten – oft nicht ganz freiwillig – in öffentlichen Statements Galileo und sein kopernikanisches Weltbild. Der Spielraum für flexible und kreative Anpassungen war durch die Verurteilung geschrumpft; dennoch gab es auch weiterhin Versuche wissenschaftlicher Kompromisse und wenigstens abgeschwächter Zustimmung. Zumindest inoffiziell wandten sich keineswegs alle Patres umstandslos von der neuen Auffassung ab. Bis ins letzte Drittel des 17. Jahrhunderts blieben offene Dissonanzen zwischen wissenschaftlichen und religiösen Standpunkten im Wesentlichen punktuell.

Weil die Jesuiten als Lehrer in ihren Kollegien die unterschiedlichsten Fächer unterrichteten, wurden sie beinahe notgedrungen auch zu Experten auf allen Feldern von Wissenschaft und Geistesleben. Da sie zudem ein starkes Netzwerk aufgebaut hatten, das bald den gesamten Globus umgriff, hatten sie oft konkurrenzlose Möglichkeiten, Ideen und Informationen, Beobachtungen und Gegenstände, die zum wissenschaftlichen Diskurs beitrugen, zu besorgen und zirkulieren zu lassen. Auf diesem Weg entstand beispielsweise eine international führende jesuitische Mathematik. Der deutsche Jesuit Christopher Clavius, der lange in Rom wirkte, schulte dort eine ganze Generation von ordenseigenen Mathematikern, die dann auch viele Nachbardisziplinen beeinflussten. François Aguilon arbeitete beispielsweise auf dem Feld der Optik. Praktisch angewandte Mathematik kam auch in Bereichen zum Einsatz, die den Herrschern der Zeit besonders am Herzen lagen, etwa in der Kriegskunst oder im Wasserbau. Etliche Patres waren als Festungsarchitekten tätig. Nicht nur in China waren die Kenntnisse der Ordensmänner bei der Anfertigung von Kanonen gefragt. Und als Ingenieure regulierten sie im Auftrag verschiedener Päpste die Wasserwege in Norditalien.

Daneben glänzten viele Jesuiten insbesondere in den empirischen Wissenschaften, sie studierten zum Beispiel Pflanzen und Tiere. Georg Kamel, ein Laienbruder in der Asienmission, ist bis heute als Entdecker der nach ihm benannten Kamelie bekannt. Als wichtiger Briefpartner war er an vielen Projekten der Royal Society in London indirekt beteiligt. Andere Patres erforschten die Welt als Entdecker und bereisten und beschrieben unbekannte Länder. So überquerte Antonio de Andrade vielleicht als erster Europäer den Himalaya, um von Indien nach Tibet zu kommen. Bento de Góis durchquerte Zentralasien und die Wüste Takla Makan auf dem Weg nach China, das er allerdings nie erreichte. Jacques Marquette gilt bis heute zu Recht als wichtiger Erforscher des amerikanischen Mittleren Westens, während Samuel Fritz entscheidend dazu beitrug, den Verlauf des Amazonas zu erkunden.

Über all diese Entdeckungen und Forschungen schrieben die Jesuiten. Seit ihrer Jugend waren die Patres in den Ordensschulen auf das Schreiben vorbereitet worden, und die Regeln der Gesellschaft Jesu machten es zudem zu einer Pflicht. Mancher Ordensmann wie Pater Léonard Mosnier aus der Levante beklagte sich zwar gelegentlich über diese Erwartungen, «es ist nicht angemessen, dass wir die pastoralen Aufgaben hintanstellen, um Forschungen zu betreiben». Man sei doch eher vor Ort, um die Menschen zu betreuen, als über sie zu schreiben. Doch aufs Ganze gesehen kamen die Missionare der Aufforderung zu Forschung und Informationsverbreitung überzeugt nach. Zahlreiche handschriftlich wie gedruckt vorliegende Texte der Jesuiten fassten ihr enormes Wissen über Land und Leute, Welt und Kosmos daheim und in Übersee mehr oder weniger systematisch, mehr oder weniger eingängig zusammen. José de Acostas *Historia natural y moral de las Indias* (1590), die lateinische Übersetzung ausgewählter Werke des Konfuzius (*Confucius Sinarum Philosophus*, 1687) durch Philippe Couplet und andere Chinamissionare sowie Joseph-François Lafitaus einflussreiche Gesamtdarstellung der nordamerikanischen Indigenen (*Mœurs des sauvages amériquains, comparées aux mœurs des premiers temps*, 1724) zählen zu den Klassikern europäischer Literatur. Viele dieser jesuitischen Texte, die in zahlreichen volkssprachigen Übersetzungen und vielfältiger Aufmachung zirkulierten, waren für lange Zeit die mit Abstand besten Informationsquellen, die es in Europa zu diesen fernen Regionen und ihren Bewohnern gab.

Auf die Zeitgenossen wie die moderne Forschung haben gerade die jesuitischen Texte über ferne Länder eine enorme Faszination ausgeübt. Man hat oft gesagt, die Jesuiten in Asien oder Amerika seien bereits Ethnologen *avant la lettre* gewesen. Daran ist zwar richtig, dass die Patres tatsächlich oft sehr genau beobachteten und hochwertige Informationen lieferten. Nicht zuletzt hatten sie ja oft jahre- oder jahrzehntelang unter Indianern oder Chinesen gelebt, ihre Sitten kennengelernt, Freundschaften geschlossen, waren unter ihnen vielleicht sogar heimisch geworden. Kaum jemand anderes verband derart intensive Detailkenntnis mit solch hohen analytischen und narrativen Kompetenzen. Doch gilt für die jesuitische Reise- und kulturbeschreibende Literatur, was für ihre wissenschaftliche Tätigkeit insgesamt gilt: Die Ordensmänner schrieben von einem überzeugt katholischen und eurozentrischen Standpunkt aus, den sie oft zudem mit ausgeprägten Loyalitäten gegenüber ihren jeweiligen Monarchen verbanden. Sie schrieben, um ihre eigenen Ziele zu verwirklichen, nicht jedoch in Verpflichtung auf ein wissenschaftliches Ziel analytischer Distanz und Objektivität.

Ökonomie, Sozialfürsorge, Disziplinierung

Mit ihren eindrucksvollen, aber häufig eben parteiischen Texten verfolgten die Jesuiten neben vielen anderen Zielen auch ein ganz schnödes: Werbung. Der Orden war ganz wesentlich von der ökonomischen Unterstützung durch die zeitgenössische Gesellschaft abhängig. Laien und Kirchenleute unterstützten den Jesuitenorden mit Schenkungen und Spenden in Form von Geld, Immobilien und Gütern. Diese Werte bewirtschaftete der Orden dann teils erfolgreich, teils mit grandiosem Scheitern, was beispielsweise die französischen Jesuiten im 18. Jahrhundert zu spüren bekamen, als die Misswirtschaft auf Martinique sie in den Ruin trieb. Dort wie auch anderswo in Süd- und Mittelamerika besaß der Orden große Haciendas und Plantagen; in Kanada oder Deutschland wurde er ebenfalls Grundherr. Auf diesen Ländereien züchteten die Patres in Südamerika Maultiere oder bauten *yerba maté*, einer Art Tee, an und machten damit Gewinne. In kleinem Umfang betrieb man in Asien auch Handel mit Seide. Häufiger wurde Geld verliehen, wobei die grundlegende moraltheologische Frage auftrat, ob bzw. wie viel Zinsen man nehmen dürfe. Nach heftigen Diskussionen etablierte sich zu Beginn des 17. Jahrhunderts die Marge von 5 Prozent als eine Art Obergrenze. Vielfach musste man sich allerdings auch Geld leihen. Neben reichen Niederlassungen standen solche Ordenseinrichtungen, die hoffnungslos überschuldet waren. Immer wieder mussten Kollegien geschlossen werden, weil die ökonomische Basis unzureichend war.

Geld benötigte man nicht nur für die tägliche Versorgung der Ordensleute selbst; vielmehr verschlangen gerade auch die Seelsorge und die soziale Arbeit erhebliche Summen. Auch wenn beispielsweise die Arbeit bei Hof oder die Tätigkeit der vielen Jesuiten als Militärkapläne in den Armeen der europäischen Mächte vergleichsweise kostengünstig war, da im Wesentlichen nur der Lebensunterhalt der arbeitenden Patres bestritten werden musste, blieb doch die weitaus größere Zahl an Vorhaben sehr kostspielig. Denn die Jesuiten folgten einem seit dem Spätmittelalter zu beobachtenden Trend, wonach sich die Sorge um die menschliche Seele mit der um den menschlichen Körper verband. Seelsorge beinhaltete also oftmals eine Form von Sozialarbeit, und die erforderte enorme Summen. So wollten die Jesuiten – auch hier folgte man einer älteren Tradition – für bestimmte spirituell bedürftige Gruppen spezielle Betreuungseinrichtungen gründen. Wollte man etwa ausstiegswilligen Prostituierten eine neue Chance geben, so brauchte es eine Einrichtung, in der diese Frauen leben konnten. Um Landstreicher und Bettler zu erreichen, dachten die Jesuiten an Armenhäuser. Den

Nomaden der nordamerikanischen Wälder wollte man Schutz vor Kälte und Hunger anbieten. Zur Betreuung von Kranken und Sterbenden waren Hospitäler am besten geeignet. Um die Bevölkerung durch neue spirituelle Praktiken wie Meditation oder Exerzitien zu reformieren, benötigte man eigene «Rückzugshäuser» (*Maisons de retraite*). Solche Einrichtungen, idealerweise Häuser mit Gärten und guter materieller Ausstattung, kosteten sehr viel Geld.

Im Regelfall konzipierten die Jesuiten den Betrieb solcher Projekte als Partnerschaften einzelner Ordensleute mit lokalen Laiengruppen. Oft wurde eine Bruderschaft gegründet, die das Geld zusammenbrachte und die Organisation übernahm. Die Jesuiten regten an, gaben Ideen und entwarfen einen Plan für das Projekt, das sie häufig in den geistlichen Belangen selbst betreuten, doch den Alltag organisierten Laien. Klerikale Seelsorge und Laienengagement gingen dann Hand in Hand. Immer wieder entstanden auch Partnerschaften mit anderen religiösen Gemeinschaften, beispielsweise bei karitativen Projekten wie Krankenhäusern. Vor allem mit Frauengemeinschaften wie den Ursulinen oder Hospitallerinnen arbeiteten die Jesuiten dabei oft zusammen.

Diese Form der institutionalisierten Seelsorge konnte durchaus Züge von Kasernierung annehmen. Aus Sicht der Patres waren Disziplin und Ordnung hilfreich bei der Glaubensvermittlung, sie gehörten zum frühneuzeitlichen Katholizismus dazu. Zudem halfen Kontrolle und Regulierung schlicht dabei, die Betreuung größerer Gruppen effizient zu organisieren. So sehr die Jesuiten bei ihrer Seelsorge auf das Individuum und seine jeweiligen geistlichen Bedürfnisse blickten und deshalb bei Problemen oft nach Einzelfalllösungen suchten, so sehr war ihnen auch klar, dass eine tiefgreifende Bekehrung und Reform christlicher wie nichtchristlicher Bevölkerungen nur durch erfolgreiche Arbeit mit größeren Menschengruppen gelingen konnte. Somit galt es, den Einzelnen als Teil einer sozialen Gruppe anzusprechen. Deshalb organisierten die Jesuiten den Alltag in solchen Institutionen gerne in mehr oder weniger strikt reglementierten frommen Routinen. Ordnung, Struktur und Kontrolle waren zentrale Kennzeichen jesuitischer Seelsorgepraxis. Bezeichnenderweise gelten die Jesuiten als Agenten neuzeitlicher Individualisierung *und* Disziplinierung gleichzeitig – beides schloss sich für sie gerade nicht aus, sondern verwies in vielerlei Hinsicht direkt aufeinander.

Das lange 17. Jahrhundert wurde also zum Höhepunkt der frühneuzeitlichen Ordensgeschichte. Der jesuitisch geprägte Katholizismus hatte seine volle Ausprägung erreicht. Vieles davon setzte sich auch später fort, doch nie wieder war der Orden so stilbildend wie in dieser Zeit. Als er 1640 sein einhundertjähriges Jubiläum feierte, verkündeten die Ordensleute in Belgien ihren Stolz auf diese Aufbauleistung in einer monumentalen – manche sagten auch: überheblichen – Festschrift mit vielen aufwändigen Abbildungen (*Imago primi saeculi*, Antwerpen 1640).

Am Ende dieser Ära, um das Jahr 1750, erreichte die Gesellschaft Jesu in quantitativer Hinsicht einen vorläufigen Höhepunkt. Nun gab es – exakt registriert – 22 589 Jesuiten. Die Gesellschaft Jesu verfügte über ein dichtes weltweites Netz von seelsorgerischen Einrichtungen und über wohlerprobte Strategien, mit denen sie für jede Situation gewappnet schien. Auf diesen wertvollen Erfahrungsschatz konnte man zurückgreifen, wenn es irgendwo darum ging, für ein neues Projekt oder neue Umstände eine Lösung zu finden. Die zahllosen Publikationen des Ordens machten seine Erfolge und die Leistungen einzelner Patres weithin bekannt. Sie erzeugten bei Gegnern wie Befürwortern – und nicht zuletzt bei rückblickenden Historikern – ein Bild der Jesuiten als selbstbewusste und einflussreiche Virtuosen im Umgang mit den kulturellen und religiösen Ressourcen ihrer Zeit. Und das war nicht falsch: Für einige Jahrzehnte verkörperte der Jesuitenorden tatsächlich eine dominante und mehrheitsfähige, wenngleich keineswegs völlig konkurrenzlose Form des Katholizismus.

5. Entfremdung vom Zeitgeist: Kritiker, Gegner, Alternativen (1650–1750)

Trotz aller Erfolge waren die Jahrzehnte nach 1650 eine Zeit, in der die Jesuiten zunächst unmerklich, dann immer deutlicher ihre religiöse und kulturelle Rolle als Schrittmacher verloren. Alternativen kamen auf, äußere Anfeindungen gab es zuhauf.

Die Jansenisten als Kritiker der Jesuiten

Vor allem in Gestalt der Jansenisten erwuchs den Patres zunächst in Belgien und Frankreich, dann bald auch darüber hinaus eine innerkatholische Gegenpartei, die frühere Kritiker an publizistischer und kirchenpolitischer Schlagkraft übertraf. Ihr Name geht auf einen belgischen Bischof, Cornelius Jansen, zurück. Die Opposition der Jansenisten gegen die Jesuiten wurzelte sehr tief in alten dogmatischen Grundsatzfragen. Es ging um eines der zentralen Probleme des Christentums seit der Spätantike: Kann der Mensch nach dem Sündenfall aus eigenem Willen und Wollen noch etwas zur Heiligung beitragen oder ist er exklusiv von der gnadenhaften Zuwendung Gottes abhängig, so dass sein eigenes Bemühen letztlich keinen Heilswert hat? Vor allem der Kirchenvater Augustinus hatte zu diesem Thema geschrieben; eine lange Tradition an Theologen berief sich seither auf ihn, auch Jansen. Theologen des Augustinismus tendierten dazu, die Schwere der Erbsünde besonders zu betonen und deshalb dem Menschen und seinen natürlichen Kräften – dem Willen und der Vernunft – in religiösen Angelegenheiten zu misstrauen. Im Zentrum stand für sie die Abhängigkeit des Menschen von der göttlichen Gnade. Seit der Reformation, als Martin Luther den menschlichen Willen als «Reittier des Teufels» bezeichnet hatte und Johannes Calvin und die Reformierten sogar die göttliche Prädestination gegen den freien Willen verteidigten, war augustinisch gefärbtes Denken innerhalb des Katholizismus erneut aktuell, aber auch erneut brenzlig geworden. Im belgischen Leuven gab es katholische Theologen dieser Richtung. Mehrere herausragende Jesuitentheologen widersprachen ihnen heftig und formulierten eine optimistischere Theorie, nach der der menschliche Wille sehr wohl positiv zur Rechtfertigung beitragen könne. Auch mit dominikanischen Theologen in Spanien stritten die Jesuiten Luis de Molina, Francisco Suárez und Leonhard Lessius um 1600 im sogenannten «Gnadenstreit» um ähnliche Fragen.

Diese Konflikte führte Jansen fort, doch eigentliche Berühmtheit erlangte der Bischof erst posthum durch einen französischen Theologen, Antoine Arnauld, dessen Vater bereits gegen die Jesuiten in Frankreich geschrieben hatte. Arnauld machte sich die Sache Jansens und der früheren Jesuitengegner zu eigen. Er formulierte die älteren theologischen Kritiken um und attackierte nun auch verstärkt die Seelsorge und die Frömmigkeitskultur der Jesuiten. Die Jansenisten präferierten einen anderen Stil des Christentums: strenger, düsterer, nüchterner, reduzierter. Arnauld forderte beispielsweise eine vollkommene Umkehr der Menschen als Vorbedingung für den Sakramentsempfang – nur wer durch und durch in Liebe für Gott entbrannt war (*contritio*), dürfe die Kommunion empfangen. Weil dieser Zustand schwer zu erreichen und zu kontrollieren war, konnte laut Arnauld die Kommunion nur sehr selten erteilt werden. Das jedoch war direkt gegen die Praxis der Jesuiten gerichtet, die die Gläubigen ja gerade zu einem regelmäßigen und häufigen – wöchentlichen – Empfang der Kommunion aufriefen. War diese Praxis nach jesuitischer Ansicht gerade für unvollkommene Christen eine positive Unterstützung, so sah Arnauld darin eine Entwürdigung des Sakraments.

Noch ein zweites Element jesuitischer Konfessionskultur rückten die Jansenisten ins Zentrum der Kritik: die moraltheologische Alltagspraxis des Ordens. Zunächst griffen die Jansenisten die «Kasuistik» der Jesuiten an. Im Beichtstuhl wurden die Patres mit unendlich vielen konkreten «Fällen» (*casus*) menschlichen (Fehl-)Verhaltens konfrontiert, die es alle im Detail zu bewerten galt. Was war eine Sünde, und wie schwer war diese gegebenenfalls? Musste man mildernde Umstände einbeziehen? Das waren Fragen, die jeder Beichtvater dutzendmal jeden Tag in immer neuen Konstellationen entscheiden musste. Um die Beichtväter hier zu unterstützen, wurde die Kasuistik entwickelt, die Lehre von der korrekten Bewertung solcher Einzelfälle. Bei der Entscheidung, ob eine Sünde vorlag und wie schwer diese wog, sollten sich die Beichtväter freilich nicht so sehr auf ihr eigenes Gespür verlassen, sondern auf Expertenmeinungen. Aber was tun, wenn es mehr als eine Einschätzung gab oder sogar widersprüchliche? Hier kam die zweite Komponente ins Spiel, der «Probabilismus». In Übernahme eines dominikanischen Gedankengangs des späten 16. Jahrhunderts argumentierte die Mehrheit der Jesuiten, es reiche im Extremfall vielleicht bereits eine einzige als «wahrscheinlich» (*probabilis*) einzustufende Meinung für die Entscheidung über Schuld und Unschuld.

Gegen diese jesuitische Kombination aus Kasuistik und Probabilismus gab es heftigsten Widerspruch. Für die Jansenisten lief dies auf schrankenloses *laissez-faire* in der Moral hinaus. Die Jesuiten schienen durch die Kasuistik geradezu darauf gepolt, in jedem Einzelfall nach entschuldigenden Umständen zu suchen. Wenn dann auch noch bloße «Wahrscheinlichkeit» reiche, um eine Milderung vorzunehmen, dann könne man im Zweifel fast jede Handlung legitimieren, denn irgendein «wahrscheinliches» Argument zur Exkulpation lasse sich meist leicht finden. Die Frage, ob es bessere («wahrscheinlichere», *probabiliores*) Positionen gebe (Probabiliorismus), wäre dann überflüssig. So unterstellten die Jansenisten also, der Orden rede moraltheologisch letztlich nur den Sündern nach dem Mund. Dieser jansenistische Vorwurf war streng genommen unfair, denn er berücksichtigte nicht genug, dass die Jesuiten ihre Morallehre aus echtem seelsorgerlichem Impetus vertraten. Dass einzelne Moraltheologen in Detailfragen über das Ziel hinausgeschossen waren, ist unbezweifelbar. Doch es war den Jesuiten bei ihrem Versuch, intensiv als Seelsorgepriester auf die individuellen

Gläubigen einzugehen, gewiss nicht darum gegangen, grundsätzlich die christliche Moral aufzuweichen. Gerade weil man in solchen Sachfragen so bewusst und polemisch aneinander vorbeiredete, wird im Rückblick umso deutlicher, dass hier grundlegend alternative religiöse Kulturen und Milieus gegeneinanderstanden.

Das zeigt sich beispielhaft im vielleicht berühmtesten Text des Jansenismus, Blaise Pascals *Briefen in die Provinz* (*Lettres provinciales*) von 1656/57, die eine Art Generalabrechnung mit dem Jesuitenorden darstellten. Pascal, Mathematiker, Naturforscher und religiöser Schriftsteller in einem, stand auf der Seite Arnaulds. In achtzehn fiktiven Briefen eines erfundenen Pariser Adligen (Louis de Montalte) an einen anonymen Freund in der Provinz beschrieb Pascal mit scharfsinniger Ironie die Jesuiten der Großstadt, die sich durch eine Mischung aus Ignoranz, Überheblichkeit, Verweltlichung, Oberflächlichkeit und Opportunismus auszeichneten. In Montaltes «Gesprächen» mit erfundenen Jesuiten über reale theologische und kirchenpolitische Sachfragen erweisen sich die Ordensleute ein ums andere Mal in komisch selbstentlarvender Weise als gefährliche Scheinchristen. Pascal bemüht sich nicht einmal, die Standpunkte der Jesuiten überhaupt zu verstehen. Doch wenngleich der Text eine umfassende Kritik an der jesuitischen Konfessionskultur ist, so ist der Tonfall über weite Teile amüsant und amüsiert. Auch dies zeigt eine signifikante Verschiebung an, die sich im Jansenismusstreit anbahnte: Der leichten und plaudernd vorgetragenen Ironie des brillanten Stilisten Pascal hatten die Jesuiten dauerhaft nichts Gleichwertiges entgegenzusetzen. Die Ordensleute waren auf einem sich zusehends verändernden Publikationsmarkt den neuen, eher essayistischen, leichteren Artikulationsformen politischer, philosophischer und theologischer Ideen nicht mehr gewachsen. Alternativen zum religiösen Stil der Jesuiten gaben zunehmend den Ton an.

Der Jansenismus wurde mit seinem Auftreten sogleich zum kirchenpolitischen Streitobjekt. Die Texte von Jansen, Arnauld, Pascal und anderen Sympathisanten wurden nicht nur von den Jesuiten kritisiert, sondern offiziell verboten und zensiert – und doch wurde weiter gestritten und diskutiert. Über die nächsten Jahrzehnte wogte in Paris und Rom, zusehends aber auch andernorts, der Kampf um und gegen den Jansenismus hin und her. Die theologische Debatte wurde auch zu einer politischen und kirchenpolitischen Auseinandersetzung. Mehrfach verboten, ließ sich die Bewegung doch nie ganz unterdrücken, nicht zuletzt deshalb, weil sie sowohl an der päpstlichen Kurie als auch unter den französischen Eliten schnell wichtigen Rückhalt gewann. Sogar einem Papst, Innozenz XI., sagt man jansenistische Vorlieben nach. In Frankreich standen sich jansenistische und anti-jansenistische Bischöfe gegenüber. Zu den wichtigen Stützpunkten des Jansenismus im Land zählte auch das Frauenkloster Port-Royal vor den Toren von Paris, das eng mit der Familie Arnauld verbunden war. Führende Jansenisten fanden dort immer wieder Rückzugsräume. In den «Ställen» des stadtnahen Klosters lebte eine kleine, elitäre Kommune von Jansenisten in temporärem Rückzug von der Welt.

Deshalb verbot Papst Clemens XI. den Jansenismus unter anderem auf Drängen der Jesuiten 1713 erneut, und zwar mit der Konstitution *Unigenitus*. Dies führte in Frankreich zu einem enormen Eklat. Statt die Konflikte ein für alle Mal zu beenden, heizte dieses päpstliche Dekret sie nur weiter an. Der französische Klerus, zunehmend aber auch die Öffentlichkeit, war entlang der Jansenismus-Frage immer tiefer gespalten. Das Kloster Port-Royal war bereits 1710 auf königlichen Befehl dem Erdboden gleichgemacht worden, weil es sich den antijansenistischen Maßnahmen von Papst und König widersetzt hatte. Und doch ging trotz dieser zwischenzeitlichen Siege für die Jesuiten der Jansenismus nicht unter. Der vorübergehende Triumph des Ordens erwies sich letztlich sogar eher als Pyrrhus-Sieg. Denn in Frankreich wandelte sich der Jansenismus von einer religiösen zu einer stärker politischen Oppositionsbewegung, die sich als Opfer bzw. Gegner übertriebener königlicher Machtausübung inszenierte und dabei innenpolitische Allianzen mit den Parlamenten einging. Auch anderswo in Europa konnten die Verbote die weitere Verbreitung jansenistischer Überzeugungen und Vorstellungen nicht aufhalten. In Österreich beispielsweise spielte die Bewegung im 18. Jahrhundert eine wichtige Rolle. Dieser Konflikt war letztlich mit ausschlaggebend für den Niedergang des Ordens.

Ritenstreit und antijesuitische Zerrbilder

Andere Dimensionen der jesuitischen religiösen Praxis gerieten ebenfalls verstärkt in die Kritik. Vor allem die Missionspraxis vieler Ordensleute bot den Feinden zusätzliche Angriffspunkte für Polemik. Es schien zum Bild von den Jesuiten als rückgratlose Opportunisten und dogmatische Abweichler zu passen, dass die Patres es in Übersee oft mit den christlichen Werten nicht ganz so genau zu nehmen schienen. Im sogenannten Ritenstreit kritisierten die Ordensgegner die jesuitische Praxis kultureller Anpassung, die sich seit etwa 1600 im Orden breit etabliert hatte. Konkret ging es dabei vor allem um einige spezielle Fragen zu China: War die Übersetzung von «Gott» durch den chinesischen Begriff *tiān* («Himmel») eine akzeptable Umschreibung oder eine opportunistische Anbiederung an den Konfuzianismus? War es in Ordnung, wenn die Jesuiten die konfuzianischen Riten zur Verehrung verstorbener Vorfahren duldeten, oder war das Aberglaube? Auch zur Praxis der Indienmission, vor allem im südöstlichen Madurai, die auf Roberto de Nobili zurückging, wurden ähnliche Zweifel geäußert.

Solche Fragen waren zwar in Europa schon mangels Kenntnis der lokalen Kontexte kaum angemessen zu entscheiden, und doch entwickelte sich eine enorme Debatte innerhalb der kirchlichen Einrichtungen und auf dem Buchmarkt. Für den Papst und die vielen päpstlichen Sondergesandten nach Asien ging es konkret darum, die Rechtgläubigkeit der jesuitischen Missionspraxis zu bewerten; doch gerade die breitere Publizistik zu diesem Thema fügte das umstrittene Verhalten der Missionare umstandslos und häufig undifferenziert in das entstehende Feindbild von «den Jesuiten» ein. Der Ritenstreit trug wesentlich dazu bei, dass sich der negative Eindruck von den Jesuiten als opportunistischen Pragmatikern, die sich das Christentum je nach Situation passend zurechtlegten, ohne Rücksicht auf den eigentlichen Geist der Religion, verdichtete. Nur im historischen Rückblick lässt sich erkennen: Die im Streit um die Anpassung der Jesuiten an lokale Umstände aufbrechenden Spannungen waren letztlich frühe Symptome der einsetzenden Globalisierung des Christentums, seiner vorsichtig beginnenden Umwandlung von einer europäischen zu einer Weltreligion.

Zwei zusätzliche Komponenten dienten als Schlusssteine dieses antijesuitischen Klischees, das in der ersten Hälfte des 18. Jahrhunderts seine volle Ausgestaltung erfuhr. Aus der alten Kritik am Verwaltungsaufbau des Ordens (s. oben S. 34) wurde das Zerrbild einer hyper-zentralisierten sozialen Maschinerie, in der die einzelnen Jesuiten vor Ort nur noch als gleichgeschaltete Erfüllungsgehilfen einer in Rom ansässigen Zentrale verstanden wurden. In diesen zunehmend politisch gefärbten Attacken auf die Jesuiten in Frankreich nach 1700 erschien der Jesuitenorden darum oft als eine autonome, verselbständigte und unkontrollierbare übereffektive Organisation, ja als gefährliche «tyrannische» oder «despotische» Verfassungsalternative zur guten, weil angeblich moderaten Monarchie Frankreichs. Damit verband sich schließlich die polemische Befürchtung, dass die Jesuiten gerade nicht in irgendeinem öffentlichen oder allgemeinen Interesse – der Kirche, des Christentums – agierten, sondern vor allem eine verborgene und subversive eigene Agenda verfolgten. Hier kam das Erbe der *Monita secreta* von 1614 zur Entfaltung. Hatte man den Jesuiten in Frankreich anfangs vorgeworfen, Agenten spanischer Interessen zu sein (und umgekehrt), so erschienen sie nun als verschlagene Schmiede ihres eigenen Glücks. Dazu würden sie, so die immer abstruseren Ideen, ungeahnte Reichtümer anhäufen. Vor allem in Portugal und Spanien galten die Jesuiten mit ihrer tiefen Verankerung in den Kolonialgesellschaften außerdem als Hindernis für strukturelle Reformen seitens des Königs und seiner Beamten. So entstand die haltlose Fiktion eines eigenständigen «Jesuitenstaates» in Paraguay mit einem angeblich eigenen König. Die antijesuitische Polemik machte aus den einzelnen Reduktionen mit ihren unterschiedlichen Strukturen und Formen ein effektives Netzwerk, ein absichtsvoll geplantes Gesamtunternehmen. Ähnlich wie «die Juden» oder «die Hexen» wurden auch «die Jesuiten» also zu Projektionsflächen für pauschale Unterstellungen und abstruse Vorwürfe, die vor allem die Befürchtungen, Ängste und Standpunkte ihrer Gegner abbildeten.

Innerkatholische Vielfalt und Konkurrenzen

Aus diesen innerkatholischen Konflikten ergibt sich eine allgemeinere Beobachtung. Die Jesuiten waren immer nur *eine* katholische Partei neben vielen anderen. Wo immer die Jesuiten tätig waren, gab es auch andere Orden, und sie mussten mit der Autorität der Ortsbischöfe zurechtkommen (siehe Karte auf der hinteren Umschlaginnenseite). Die katholische Kirche war zu keinem Zeitpunkt der Geschichte, gewiss aber nicht in den Jahrhunderten seit Gründung des Jesuitenordens, ein monolithischer Block, in dem alle Akteure letztlich an einem Strang zogen. Im Gegenteil, eine tiefe «Polyzentrik» prägte das Christentum (K. Koschorke). Keineswegs führte diese innerkatholische Pluralität überall zu reibungsloser Kooperation, im Gegenteil: Zwischen Päpsten und Jesuiten gab es häufig Konflikte, ebenso wie zwischen Jesuiten und Bischöfen sowie anderen Orden. Die Jesuiten hielten die Jansenisten wegen ihrer strikten Gnadenlehre letztlich polemisch für Protestanten in katholischem Gewand, während strenge Katholiken die Jesuitenmissionare oft als Freunde des Heidentums darstellten. Manchmal scheint es, als habe die innerkatholische Konkurrenz die Jesuiten mindestens genauso sehr beschäftigt wie die Konkurrenz durch die Protestanten. Zweifellos führten die Jesuiten als «Speerspitze der Gegenreformation» mit vollem Eifer einen heftigen Kampf gegen die Protestanten; in Deutschland oder Frankreich etwa attackierten sie diese hart und mit allen Mitteln – von der Predigt bis zum Schafott. Auch in Übersee machte sich diese Konkurrenz im 18. Jahrhundert immer stärker bemerkbar, da nun auch immer mehr Protestanten – mit schnell erkennbarem Erfolg – in der Mission aktiv wurden. Und doch – so zeigen die hier skizzierten Konflikte – waren die protestantischen Rivalen aus jesuitischer Sicht letztlich immer nur eine, wenngleich sehr wichtige, Gruppe auf einer viel breiteren Palette von christlichen Konkurrenten, gegenüber denen sich der Orden behaupten musste.

In diesen innerkatholischen Streitigkeiten gerieten die Jesuiten ab 1700 immer häufiger in die Defensive. Während die Päpste zwar scharf antijansenistische Dekrete erließen (und damit den Hoffnungen der Patres entsprachen), wandten sie sich im Ritenstreit letztlich doch gegen den Orden. Nach einem Hin und Her verschiedener Entscheidungen päpstlicher Behörden seit 1645 verbot und verurteilte Clemens XI. Anfang des 18. Jahrhunderts die Vorgehensweise der Jesuiten in China mehrmals ganz unmissverständlich. 1711 musste sich der 14. Ordensgeneral Michelangelo Tamburini in einer demütigenden Zeremonie in diesem Punkt dem Papst unterwerfen. 1742 wurde diese Entscheidung gegen die Jesuiten noch einmal bekräftigt.

Aus ganz anderen Gründen geriet der Orden ebenfalls um 1700 auch in arge Bedrängnis, weil Ludwig XIV. und Papst Innozenz XI. heftig über die kirchenpolitischen Privilegien des Sonnenkönigs stritten. Der Orden wurde tief in diesen Konflikt hineingezogen. Eine Abspaltung der französischen Ordensteile von Rom stand kurz bevor, und ein Zerbrechen des Ordens schien nicht unwahrscheinlich. Auch wenn dieser internationale kirchenpolitische Streit letztlich im Sande verlief und sich die königstreue Linie der Jesuiten behaupten konnte – Ludwig XIV. vertraute weiterhin auf seinen langjährigen Beichtvater Père Lachaise –, so war doch unübersehbar geworden, dass sich ihre Position im politischen Gefüge der Staaten verändert hatte, und zwar trotz lokaler Siege letztlich nicht zum Vorteil des Ordens. Je länger er bestand, desto stärker wurden die innerkatholischen Gegner. Die Vorbildrolle der Gesellschaft Jesu im Katholizismus geriet in Gefahr.

6. Pendelschwung: Ins Abseits der Geschichte und zurück (1750–1830)

Dass die Jesuiten ihre Rolle als stilbildende Vorreiter des Katholizismus allmählich einbüßten, war auch das Ergebnis grundsätzlicher Veränderungen in den Denk- und Ausdrucksformen während des 18. Jahrhunderts. Es entstand ein neuartiges Bedürfnis, die bisherigen kulturellen, sozialen und politischen Strukturen stärker zu hinterfragen. Man wähnte sich umgeben von verknöcherten Traditionen und alten Vorurteilen, die es «aufzuklären» galt – mit dem «Licht der Vernunft». Ein neuer Geist von Kritik wehte, und neue Erklärungsmodelle für Natur, Mensch und Religion zirkulierten. Auch die ästhetischen Vorlieben veränderten sich im Zeitalter der Aufklärung. Zudem versuchten immer mehr Herrscher, im Zeichen des sogenannten Regalismus oder Absolutismus staatliche Macht und Kompetenz auszuweiten, was insbesondere auf eine stärkere Unterordnung kirchlicher Strukturen und eine Zurückdrängung des klerikalen Einflusses hinauslief.

Die Jesuiten und die Aufklärung

Die Jesuiten waren einerseits gewiss keine prominenten Vorreiter der Aufklärung, andererseits konnten sie jahrzehntelang sehr gut mit vielen der neuen Gedanken und Überzeugungen leben. Entgegen älteren Ansichten ist in der Forschung heute allgemein anerkannt, dass Aufklärung und Katholizismus keineswegs von Anfang an Gegner waren. Auch und gerade viele Jesuiten entwickelten ein eigenes Profil «katholischer Aufklärung». Viele Patres hatten enge und kooperative Beziehungen zu führenden Reformdenkern und nahmen am aufgeklärten Gespräch aktiv teil. Bereits in der ersten Hälfte des 18. Jahrhunderts gab es zwar viel aufklärerische Kritik am Jesuitenorden – und umgekehrt auch heftige Polemik gegen manche aufklärerischen Standpunkte –, doch dies war keineswegs von Anfang an ein fundamentaler Gegensatz. Ohnehin sollte man den Einfluss und Erfolg der Aufklärung nicht unkritisch überschätzen. Auch weiterhin blieb die etablierte Frömmigkeit populär. Für breite Teile der Bevölkerung waren traditionelle Formen religiöser Lebensgestaltung wohl auch langfristig leitend.

Dennoch ist die wachsende Entfremdung unübersehbar. Am Ende waren es nur noch einzelne Jesuitenpatres, die in positivem Kontakt mit der Aufklärungsbewegung blieben. Der Orden als Ganzes schaffte es nicht mehr, sich grundlegend auf den neuen geistigen und kulturellen Stil einzustellen. Eine Anpassung der *Ratio Studiorum* beispielsweise wurde nicht einmal diskutiert. Viele aufklärerische Denker wurden vom Orden mehrheitlich und offiziell abgelehnt. Weder die Ideen von René Descartes noch die von Jean-Jacques Rousseau konnte – oder wollte – man noch offen integrieren. So lebten der Jesuitenorden und die Gruppe der Aufklärer nicht nur in zunehmend unverbundenen Parallelwelten; immer häufiger sprach man nur noch im Modus von Ablehnung, Polemik und Karikatur über einander. Als seit etwa 1750 der aufklärerische Ton gegenüber den Ordensleuten immer unverblümter und radikaler wurde, lösten sich die letzten Bindungen zwischen den beiden Gruppierungen auf. Über die Jahrzehnte hatten sich Jesuitenorden und Aufklärung in Vielem zu offenen Gegnern entwickelt. Die Gesellschaft Jesu galt nun immer mehr Autoren und Politikern, ja selbst vielen Kirchenleuten als Hemmschuh im fortschreitenden aufgeklärten Wandel von Staat, Kirche und Gesellschaft, als Hindernis für notwendige Modernisierungen in allen Bereichen. Immer deutlicher stand die Frage im Raum, ob man nicht ohne Jesuiten besser dran wäre. Auch andere Orden zogen damals heftige Kritik auf sich, doch die Societas Jesu wirkte auf besondere Weise wie ein Blitzableiter für den aufklärerischen Veränderungswillen.

Verbote und Ausweisungen

So kam es, dass einige Regierungen nach der Jahrhundertmitte bereitwillig sich bietende günstige Umstände nutzten, um die Jesuiten zu verbieten. Den Anfang machte 1759 Portugal, wo der leitende Minister Sebastião José de Carvalho e Melo, Marquês de Pombal, ein ausgesprochener Gegner der Jesuiten war. Er sah im Orden einen Störfaktor für seine aufgeklärte und rational geplante, staatszentrierte Politik daheim und in Brasilien. Als sich einzelne Jesuiten zudem gegen sein ambitioniertes Wiederaufbauprogramm stellten, mit dem er die verheerenden Folgen des Erdbebens in Lissabon 1755 beseitigen wollte, standen die Zeichen auf Konflikt. Ein erfolgloses Attentat auf den König 1758, das in wenig überzeugender Weise mit den Jesuiten in Verbindung gebracht wurde, brachte für Pombal das Fass zum Überlaufen. Mit starker Hand und teilweise harscher Gewalt ging der Minister gegen die Jesuiten vor, nicht nur in Portugal selbst, sondern er verwies die Ordensmänner aus allen portugiesischen Territorien. Nicht wenige von ihnen starben infolge der obrigkeitlichen Aktionen, andere verbrachten Jahre oder Jahrzehnte in Haft. Der Großteil wurde nach Italien deportiert, wo bald Hunderte Jesuiten im Kirchenstaat ankamen.

Ab 1762 folgte Frankreich. Schon länger hatten die Parlamente in Verbindung mit jansenistischen Kritikern der Monarchie versucht, den König zur Ausweisung des Ordens zu drängen, der dadurch auch zum Spielball eines innenpolitischen Machtkampfes geworden war. Die mittlerweile offen jesuitenfeindliche Agitation vieler Aufklärer machte zusätzlich Stimmung. Auch hier heizte ein erfolgloser Mordanschlag auf den König die antijesuitische Stimmung weiter auf, als man diesen – erneut mit dubiosen Indizien – den Jesuiten anzulasten versuchte. Als die französischen Patres außerdem durch ungeschickte Spekulationen eines Ordensmitglieds, Antoine de Lavallette, auf Martinique kollektiv in Zahlungsunfähigkeit abzugleiten drohten, war eine explosive Situation entstanden. Zunächst wurden die Jesuiten nach und nach in einzelnen Regionen verboten; 1764 erließ Ludwig XV. dann eine landesweit einheitliche

Verbotsregelung. Anders als in Portugal bestand für die ehemaligen Ordensleute allerdings unter gewissen Auflagen die Möglichkeit, in Frankreich zu bleiben.

Schließlich erfolgte die Schließung aller Ordensniederlassungen in Spanien 1767. Im Unterschied zu Portugal und Frankreich war sie klammheimlich vorbereitet worden und überraschte alle Betroffenen völlig. Auch hier standen aufgeklärte regalistische Minister dem König aktiv zur Seite. Das Schauspiel, das die Welt bereits einige Jahre zuvor in Portugal gesehen hatte, wiederholte sich: Gruppen von Jesuiten wurden unter obrigkeitlicher Bedeckung durch die spanischen Territorien eskortiert, beispielsweise durch die Wüsten Mexikos, um dann in den Häfen auf Schiffe gebracht und – gegebenenfalls mit Zwischenstopp in Spanien – schließlich in Italien an Land gesetzt zu werden. Nun war die Aufnahme dort allerdings viel kühler als ein Jahrzehnt zuvor, denn es gab bereits viele exilierte Ex-Jesuiten. Nur mühsam fanden die Flüchtlinge Unterschlupf.

Die Ausweisungen aus Portugal, Frankreich und Spanien bedeuteten auch das Ende der Gesellschaft Jesu im überwiegenden Teil der Missionsgebiete. Es folgten noch stärker lokal wirkende Ordensschließungen in Neapel und Parma. Danach verstärkten die genannten Monarchen ihren Druck auf Papst Clemens XIII., um den Orden überall aufheben zu lassen. Doch dieser Papst sah keinen Grund, den Fürsten nachzugeben. Erst seinen Nachfolger Clemens XIV. konnten insbesondere spanische Diplomaten und Politiker zur universalen Aufhebung des Jesuitenordens nötigen. Nach zahllosen Winkelzügen und als auch Maria Theresia in Wien ihre Zustimmung signalisiert hatte, erließ der Papst am 21. Juli 1773 schließlich das Breve *Dominus ac redemptor*. Es wurde an alle Bischöfe verschickt, die es vor Ort verkünden sollten, und bedeutete jeweils das Ende der einzelnen Niederlassungen.

Ex-Jesuiten und Neubegründung

Nun gab es keine Jesuiten mehr, sondern nur noch Ex-Jesuiten. Sie schlugen recht unterschiedliche Lebenswege ein. Manche verließen, sofern sie noch keine Weihen erhalten hatten, das kirchliche Leben ganz und heirateten, andere traten in den Dienst der Weltkirche und arbeiteten als Pfarrgeistliche oder als Lehrer. Nicht wenige Ex-Jesuiten blickten also nach vorne, in die Zukunft. Noch mehr von ihnen blickten allerdings vorwiegend zurück. Manche fragten durchaus selbstkritisch, ob man nicht selbst schuld an der breiten Ablehnung gewesen sei. Doch der dominante Strang ex-jesuitischer Identität speiste sich aus Nostalgie für die alte Zeit. Häufig genug mutierte diese zu verbitterter Opposition gegen alle Kräfte der kulturellen und religiösen Erneuerung, die man für den eigenen Untergang verantwortlich machte. Spätestens 1789, als in Frankreich die Revolution ausbrach und dann in zunehmend gewalttätige und antiklerikale bzw. antireligiöse Bahnen mündete, sahen diese Jesuiten ihre Vorbehalte gegen die herrschende Kultur drastisch bestätigt. 1773 und 1789 erschienen ihnen nun als zwei Seiten derselben Medaille, nämlich als Ausdruck der Gottlosigkeit und Verworfenheit des gegenwärtigen Zeitalters. Bekannte Ex-Jesuiten, die um 1800 solche Gedanken entwickelten, waren Augustin Barruel und Lorenzo Hervas y Panduro. Sie wurden damit zum Sprachrohr der entstehenden anti-aufklärerischen, anti-modernistischen Denktradition, die in den folgenden Jahrzehnten wachsenden Einfluss auf die ideologische Landschaft Europas nehmen sollte. Denn im Gefolge der gewaltsamen Revolution und der fast zwanzig Jahre dauernden Kriege, mit denen Napoleon Bonaparte ganz Europa überzog, machte sich vielerorts Kritik an der Aufklärung breit.

In dieser Lage wurde der untergegangene Jesuitenorden für viele ähnlich Denkende wieder zum positiven Bezugspunkt. Ehemalige Jesuitenhasser wie der Herzog von Parma verwandelten sich schon in den 1790er-Jahren zu Freunden des Ordens. An verschiedenen Orten in Europa entstanden neue religiöse Gemeinschaften, die von sich selbst behaupteten, die Tradition des

Ignatius von Loyola und der Gesellschaft Jesu fortzusetzen oder wieder zu begründen. Manchmal, etwa in Frankreich im Umkreis von Pater Pierre-Joseph de Clorivière, gingen solche Initiativen tatsächlich von einigen ehemaligen Jesuiten aus, die bereits in fortgeschrittenem Alter waren und nun als Stützen der Überlieferung echten jesuitischen Geistes dienen konnten. Bezeichnender war aber, dass sich auch Menschen ohne direkte biographische Bindungen an die alte jesuitische Tradition nun an eine Wiederbelebung des Ordens machten. Dafür sind die *Paccanaristen* das wichtigste Beispiel. Die Gruppe nannte sich nach ihrem Kopf, dem Priester Niccolò Paccanari, der 1797 eine ignatianische Ordensgemeinschaft gründete und ihr in wenigen Jahren viele Mitglieder sowie einige der schon vorher entstandenen neu-ignatianischen Gruppen zuführen konnte (v.a. 1799 in Hagebrunn bei Wien die *Pères du Sacre-Cœur*). Obwohl schon für die Zeitgenossen kaum Zweifel daran bestand, dass es sich hier um eine eher oberflächliche und vor allem stark zeit- und kontextbezogene Aktualisierung jesuitischer Gedanken handelte, ist ebenfalls unstrittig, dass Paccanari und seine Bewegung trotz aller Konflikte – der Gründer wurde 1808 von der Inquisition in Haft genommen – für die Neubegründung des Ordens wichtige Impulse gaben.

Entscheidend für die Wiederherstellung der Gesellschaft Jesu im Sommer 1814 war letztlich eine andere Tradition, die sich einem schier unwahrscheinlichen historischen Zufall verdankte. Denn es gab ein Territorium weltweit, in dem die päpstliche Ordensaufhebung weder 1773 noch jemals danach verkündet worden war und in dem der Orden also tatsächlich in völliger institutioneller Kontinuität weiterbestand. Dies war eine eigentlich bis dato für die katholische Kirche und die Jesuiten periphere Region gewesen, nämlich der Nordosten des heutigen Weißrussland. Das Gebiet hatte bis 1772 zu Polen gehört, doch war es damals in der «Ersten Polnischen Teilung» zwischen Österreich, Preußen und Russland dem Zarenreich zugeschlagen worden. Katharina die Große schätzte ihre eben gewonnenen hochqualifizierten Untertanen, die polnischen Jesuiten, für ihre intellektuelle und kulturelle Leistungsfähigkeit und wollte sich deren Potentiale nicht so schnell wieder nehmen lassen. Aus politischen wie religiösen Motiven wollte die (seit 1744) orthodox-christliche Zarin keineswegs einfach einem päpstlichen Befehl gehorchen. So nutzte sie die Jesuitenfrage auch dazu, nach innen und gegenüber ganz Europa das gewachsene Selbstbewusstsein Russlands und die souveräne Eigenständigkeit des Reichs zu demonstrieren. Sie verzichtete einfach darauf, *Dominus ac redemptor* zu vollstrecken.

Was Katharina 1773 unterließ, holten weder sie noch ihre Nachfolger nach, und so bestand die Gesellschaft Jesu «am Rande der Christenheit», wie der Dichter Friedrich von Hardenberg (Novalis) Jahre später schrieb, einfach weiter. Ab 1780 konnte mit mündlicher Erlaubnis von Papst Pius VI. in Polozk bereits wieder ein Noviziat betrieben werden. Ex-Jesuiten in Europa durften sich außerdem administrativ der russischen Ordensprovinz anschließen, so dass sie erneut Teil des Ordens werden konnten. 1801 erließ Pius VII. das Breve *Catholicae fidei*, in dem er offen die Fortdauer des Ordens in Russland bestätigte. Ab diesem Zeitpunkt war es wahrscheinlich oder gar absehbar, dass eine weltweite Wiederbegründung des ja mittlerweile offensichtlich weiterbestehenden Ordens erfolgen würde. Immer mehr Ex-Jesuiten assoziierten sich an Russland. Junge Männer wanderten durch ganz Europa, um sich in Russland zu Jesuiten ausbilden zu lassen. Bald waren diese Strukturen in Europa stark genug, um wieder einzelne Patres nach Übersee zu entsenden, und zwar vor allem nach Nordamerika, wo mittlerweile die Vereinigten Staaten als Demokratie mit neuartigen religiösen Toleranzspielräumen auch für Katholiken entstanden waren.

Die Lage um 1814

Als im Sommer 1814 Pius VII. den Orden tatsächlich offiziell wiederbegründete, war die Lage für die Jesuiten in vielfacher Hinsicht dennoch äußerst kompliziert. Trotz des wachsenden Enthusiasmus war er mit etwa sechshundert oder achthundert Patres winzig. Es bestand kaum Infrastruktur, da alle Besitzungen verloren gegangen waren. Vor allem fehlte eine einheitliche Orientierung, was sich gerade 1820 zeigte, als der letzte Generalobere aus russischer Zeit, Tadeusz Brzozowski, starb. Damals zog der Orden zurück nach Rom, und sogleich wurden die Schwierigkeiten offensichtlich. Denn «Jesuiten» gab es nun ganz unterschiedliche: Da waren einige wenige alte Jesuiten aus der Zeit von vor 1773, sodann die eher jüngeren Mitglieder der neu-ignatianischen Bewegungen und schließlich die Gruppe der «russischen» Jesuiten, also jene Patres, die im Osten ausgebildet und sozialisiert worden waren. Zumindest hinsichtlich der beiden letzteren Gruppen bestanden Zweifel an ihrem geistlichen und kulturellen Profil, denn auch die russischen Jesuiten hatten oft einen eher zweifelhaften Ruf. Vielen galten sie als schlecht und oberflächlich ausgebildet, hauptsächlich in der einfachen Seelsorge tätig und ansonsten vorwiegend nach innen gekehrt, mit den speziellen Herausforderungen ihrer prekären Existenz beschäftigt. Bei keiner der Gruppen war ein wirklich aktives geistliches Gemeinschaftsleben erkennbar, auch keine gruppenübergreifende Identität oder ein gemeinsames Tätigkeitsprofil, das sie zusammengeschweißt und ihre täglichen Arbeiten strukturiert hätte. Was den Jesuiten von 1814 aber wohl am meisten fehlte, war eine vertiefte Kenntnis der Ideen von Ignatius und des früheren Ordenslebens. So war es fraglich, ob hier über den Namen und den äußeren Ordensaufbau hinaus überhaupt eine echte Kontinuität der «alten» Gesellschaft Jesu bestand. Einundvierzig Jahre Traditionsbruch waren eine lange Zeit, vor allem in einer Epoche, in der sich um die Beteiligten herum so viel verändert hatte.

In dieser Situation wählte man 1820 in Rom einen alten Mann zum neuen Ordensgeneral, Luigi (Aloisius) Fortis, einen der letzten Ex-Jesuiten, die noch vor 1773 in den Orden eingetreten waren. Mit Fortis' Wahl gingen die internen Richtungskämpfe in gewissem Sinn zu Ende. Ganz bewusst schloss sich die heterogene Schar der Jesuiten an die alten Traditionen an. Man wollte dezidiert keinen aktualisierten, veränderten Orden schaffen. Vielmehr war die «alte» Gesellschaft Jesu das Vorbild. Vor allem die Paccanaristen wurden nun entweder abgedrängt, oder sie fügten sich endgültig in den Orden ein. Dass auch die russische Tradition des Ordens kein dauerhaftes Eigenleben führen würde, ergab sich zeitgleich, denn Zar Alexander I. verwies in einer politischen Kehrtwende 1820 die verbliebenen Jesuiten des Landes. Neben der Beruhigung innerer Querelen brachten die folgenden neun Jahre unter Fortis auch sonst manche Erfolge – 1824 beispielsweise erhielt man das alte intellektuelle Hauptquartier des Ordens, das Kolleg in Rom (*Collegio Romano*), zurück.

7. Aufbruch: General Roothaan und die Neuausrichtung nach 1830

Erst unter Fortis' Nachfolger erlangte der Orden jene neue Schlagkraft, die für eine wirkliche Fortsetzung der alten Gesellschaft Jesu nötig war. Nicht ganz zu Unrecht hat man den Niederländer Jan Philipp Roothaan, der nach seiner Wahl zum General 1829 die Gesellschaft Jesu bis zu seinem Tod 1853 leitete, als «Neubegründer des Ordens» bezeichnet. Und nicht umsonst sah er selbst – und sehen Historiker seither – gewisse Parallelen zur historischen Rolle Claudio Acquavivas für die Gesellschaft Jesu. Ähnlich wie der General aus Atri konsolidierte auch Roothaan die Identität und Gestalt des Ordens auf zukunftsweisende Art. Gleich in seinem ersten Rundbrief machte der neue General 1830 deutlich, dass ein tragfähiges geistliches Fundament des Ordens unverzichtbar sei – und dass es daran im Moment noch sehr haperte. Er wandte sich gegen die Tendenz, die neubegründete Gesellschaft Jesu «stürmisch zu vergrößern», etwa durch vorschnelle und übereilte Eröffnung immer neuer Kollegien. Dagegen setzte er die Notwendigkeit einer gründlichen geistlichen Neuzentrierung: «Erst die Ausbildung der Unsrigen, dann ihre Arbeit und deren Früchte», schrieb Roothaan. Neue Ordensleute mussten erst genauer verstehen lernen, in welchem Geist und mit welcher Perspektive ein Jesuit seinen Tätigkeiten nachgehen sollte. Drei Akzente setzte Roothaan während seiner langen Amtszeit, um dem Orden wieder Profil, Tiefe und klare Ziele zu geben: Er betonte die Exerzitien, die Mission und die Bildungstätigkeit. In allen drei Bereichen ging es darum, die alten Traditionen für den Neuanfang fruchtbar zu machen.

Die Neuentdeckung der Exerzitien

Vor allem wollte Roothaan den Exerzitien die ihnen zustehende zentrale Rolle im Orden zurückgeben. Er legte Wert darauf, dass Novizen während ihrer Ausbildung die vollen vier Wochen absolvierten, eine weitgehend außer Gebrauch gekommene Praxis. Generell ging es ihm darum, weit verbreitete falsche Vorstellungen von dieser jesuitischen Grundpraxis zu überwinden. Die unglücklichen Fehlentwicklungen in diesem Bereich begannen schon damit, dass der Text des Exerzitienbuchs kaum mehr im Original gelesen wurde. Wenn überhaupt, dann wurde er in der aus Roothaans Sicht unglücklichen lateinischen Standardübersetzung von 1548 («Vulgata») rezipiert. Stattdessen gab Roothaan in einer philologischen Glanzleistung dem Orden den besten vorhandenen Originaltext, den *spanischen Autographen*, zurück.

Der General erzählte gerne die Geschichte, wie er um 1827 während seiner jährlichen Exerzitienphase begonnen habe, der Textgeschichte der damals gültigen Version nachzugehen. Er habe das spanische Original des Ignatius lange gesucht und sich dann hinein vertieft. Um dieses sprachlich schwer zugängliche Dokument seinem Orden in der Breite zur Verfügung zu stellen, publizierte er nicht nur eine gründliche Edition, sondern fertigte selbst auch eine lateinische Neuübersetzung der *Exerzitien* an, die «Wort für Wort» dem Autographen folgen wollte. Diese Ausgabe (1835) wurde zur Grundlage zahlreicher Übersetzungen ins Englische, Französische und Deutsche. Roothaan schuf damit die dominante Gestalt des jesuitischen Grundlagentextes für das 19. und frühe 20. Jahrhundert. Seither waren die Exerzitien im Orden wieder viel präsenter.

Roothaan verfasste auch eine kurze «Anleitungsschrift über

das Meditieren» (*De ratione meditandi*, 1847), die ebenfalls weiteste Verbreitung fand und oft zusammen mit dem Text der *Exerzitien* veröffentlicht wurde. Der Text, der auf Roothaans frühe Jahre vor Antritt des Generalats zurückgeht, teilte mit dem späteren Rundbrief von 1830 die Sorge vor Ablenkung und Oberflächlichkeit unter den Jesuiten. Zur Abwehr dieser Gefahr legte Roothaan für die Meditationspraxis enge und formalisierte Regeln fest; in seiner Anleitung geht es ganz wesentlich um eine Routinisierung der Abläufe. Er verstand die Exerzitien vor allem als systematische und kontrollierte Arbeit am eigenen Selbst. Roothaan forderte deshalb ausdrücklich eine direkte und «partikulare», nicht bloß eine pauschale und «allgemeine» Anwendung auf das eigene Leben. Roothaans Notizen, in denen er seine eigenen Meditationen jahrelang dokumentierte, zeigen, dass es ihm selbst vor allem um die konsequente und oft schmerzhafte Hinterfragung der eigenen Haltung ging. Die Exerzitien wurden damit zu einer Technik der Askese, zum Mittel der Selbsterkenntnis und Selbstkorrektur. Die Offenheit und Flexibilität des ursprünglichen Textes und vor allem der spirituelle Überschuss, den sich Ignatius in Gebet und Betrachtung erhofft hatte, wurden hier eingedämmt. Von Mystik, Freude oder einem inneren Aufstieg zu Gott war kaum die Rede. Die Exerzitien, so spätere Urteile, gerieten durch Roothaans Programm zu einem formalen Schematismus, der jesuitische und katholische Frömmigkeit zu einem Mechanismus skrupulöser Selbstdisziplin gemacht habe. Und doch, bei allen Einseitigkeiten: Roothaans Rückgriff auf die Exerzitien war von fundamentaler und zukunftsweisender Bedeutung. Der Platz der «Geistlichen Übungen» im Leben des Ordens wurde völlig neu bestimmt, und damit erhielt die Gesellschaft Jesu – an eine tiefe Tradition anknüpfend – Teile ihrer spirituellen Grundlage zurück.

Heidenmission

Auch das alte Selbstverständnis des Ordens als Missions- und Erziehungsgemeinschaft wurde von Roothaan wiederbelebt. Bei seinem Amtsantritt 1829 spielte die Mission unter Nicht-Christen noch keine große Rolle für die Jesuiten. Die Ordensgenerale in Russland hatten ebenso wie Luigi Fortis fast alle Anfragen abgewiesen, meist mit dem Hinweis auf das geringe Personal und die noch andauernde Ausbildung des vorrangig einsatzfähigen Nachwuchses. Im Jahr 1833 brachte auch hier ein aufrüttelnder Rundbrief Roothaans neue Impulse. Neben dem deutlichen Hinweis darauf, dass die Ausweisung der Jesuiten seit 1773 tatsächlich vielerorts die katholischen Strukturen hatte zusammenbrechen lassen, positionierte Roothaan die Heidenmission erneut als vordringliche Umsetzung jesuitischer Frömmigkeit: Kein Jesuit werde jemals seine Bestimmung erreichen, wenn er nicht nach Kräften «das ewige Heil der anderen Menschen befördern hilft». Fast inständig bittend beschwor Roothaan seine Mitbrüder und die Provinziale, im forcierten Neubeginn der Mission nicht so sehr die daraus resultierenden Schwierigkeiten und Probleme daheim zu sehen, sondern vor allem die Chance auf neue Verwirklichung einer spezifisch jesuitischen Version von katholischem Christentum.

Roothaans Initiative hatte Erfolg. Nachdem im 19. Jahrhundert Jesuiten bisher lediglich in der Indianermission Nordwestamerikas gewirkt hatten (seit 1823), trafen schon 1830 erste Missionare auf den Griechischen Inseln der Ägäis ein. Es folgten unter anderem Syrien 1831, Indien 1834 (Kalkutta) und 1837 (Madurai), Argentinien 1836, Algerien 1840, Kolumbien 1846, Sudan (Karthoum) 1847 und viele weitere Länder. Besonders wichtig für die Jesuiten war ihre 1842 erfolgte Rückkehr nach China. Kennzeichnend war außerdem die wachsende Aufmerksamkeit für Afrika, das zuvor generell nur wenige Missionsaktivitäten vor allem an den Küsten gesehen hatte.

Für die Missionare war der Umgang mit der Vergangenheit oft kompliziert. Einerseits wollten sie sich gerne an ihrer jesuitischen Tradition orientieren, andererseits kannten sie die Konflikte, die ihre Vorgänger immer wieder ausgelöst hatten. Roothaan berief sich deshalb zwar oft auf die alten Missionen, mahnte jedoch zugleich zur Vorsicht. Es galt, das Wiederaufflackern alter Rivalitäten und Streitigkeiten zu verhindern. Das gelang insgesamt recht gut. Während sich die Jesuiten der alten Gesellschaft oft schlecht mit der päpstlichen Missionsbehörde (*Congregatio de Propaganda Fide*) vertragen hatten, wurde nach 1830 die Kooperation sehr viel besser. Alte Vorurteile kamen zwar gelegentlich noch zum Vorschein, doch ohne blockierende Folgen.

Es gab noch weitere Veränderungen. Früher hatten der portugiesische, spanische und französische Staat die Kirchenhoheit über die Mission in ihren Kolonien gehabt («Patronat»). Nun, im 19. Jahrhundert, fiel diese Rahmenbedingung weg. Das hatte wenigstens zwei wichtige Implikationen: Erstens kam es zu einer gewissen Verkirchlichung der Missionsaufsicht. Der Zugriff der Päpste auf die Missionare wurde direkter und musste nicht mehr den Umweg über einzelne Könige und deren kirchenpolitische Präferenzen nehmen. Immer häufiger wurden die Missionen nun durch ordentliche Kirchenstrukturen organisiert, wenigstens in rudimentärer Art. Missionsbischöfe wurden als Organisatoren wichtiger, und viele davon kamen, zunächst gegen Roothaans Willen, aus dem Kreis der Jesuiten. Auch die Verteilung europäischer Jesuitenmissionare auf die überseeischen Gebiete musste sich nicht mehr zwangsläufig an nationale Zugehörigkeiten halten. Das schloss allerdings keineswegs aus, dass es zu enger Zusammenarbeit zwischen Jesuiten und Kolonialverwaltungen kam. Nicht nur auf Madagaskar um 1880, sondern auch im Libanon nach 1914 halfen französische Patres den französischen Kolonialbeamten dabei, neu erworbene Gebiete wissenschaftlich zu vermessen und zu kartographieren. Zweitens ging mit der Entstaatlichung der Mission auch eine grundlegende Umstrukturierung der Finanzen einher. Nicht zuletzt in Parallele zu zahllosen protestantischen Missionsvereinen und Missionsgesellschaften hatte 1822 Pauline-Marie Jaricot in Lyon einen ersten Verein zur Unterstützung von Missionaren gegründet, zu dem Roothaan beste Beziehungen unterhielt, auch wenn er nicht direkt jesuitischen Ursprungs war. Danach entstanden in der katholischen Welt überall ähnliche Vereine, beispielsweise der Franziskus-Xaverius-Verein in Deutschland (1837), deren Hauptzweck das Sammeln von Spenden für die Mission war. Durch diese Vereine wurde eine breite Öffentlichkeit direkt in die Organisation von Missionen einbezogen.

Unter den vielen Gebieten, die Roothaan in seinem Rundbrief wie in einem globalen Panorama als zukünftige Missionsgebiete Revue passieren ließ, ragten die Vereinigten Staaten von Amerika heraus. Ständig erreichten ihn von dort dringende Bitten um neues Personal, schrieb er. Die hier sichtbare besondere Rolle der USA markiert einen wichtigen Unterschied zur Lage vor 1773. Erst nach der Aufhebung des Ordens, dann aber in atemberaubender Geschwindigkeit, nahm der Katholizismus in den USA einen eindrucksvollen Aufschwung, an dem nach 1800 auch die Jesuiten Anteil hatten. In der Frühen Neuzeit hatte es nur in Maryland eine kleine Kolonie von Jesuiten gegeben. Allerdings gab es nach 1773 vor Ort niemanden, der die Auflösung des Ordens hätte umsetzen wollen oder können – es gab keinen Bischof, und der neue Staat zog sich grundsätzlich aus religiösen Fragen zurück. So konnten die Ex-Jesuiten als Gemeinschaft faktisch weiterbestehen. 1789 wurde für die Katholiken in Baltimore ein erstes Bistum eingerichtet, und der Ex-Jesuit John Carroll wurde der erste katholische Bischof im Land. In den folgenden Jahrzehnten war der Katholizismus in den USA deutlich auf dem Vormarsch, und zwar vor allem deshalb, weil das Land im 19. Jahrhundert Ziel einer der größten Wanderungsbewegungen der neueren Geschichte wurde. Millionen Einwanderer aus Europa, die zu einem sehr beträchtlichen Teil aus katholischen Gegenden – Irland, Italien, Polen, Deutschland – kamen, überquerten den Atlantik auf der Suche nach einem besseren Leben. Diese katholischen Einwanderer mussten betreut werden, doch der amerikanische Ordensnachwuchs war viel zu spärlich, um die neuen Aufgaben zu meistern. Zur Unterstützung kamen nach 1800 deshalb immer mehr Jesuiten aus Europa. Ein kleines Kontingent von ihnen machte sich vor allem seit der Amtszeit Roothaans auch auf, um die *Native Americans* zu missionieren. Die wichtigste Gründungsfigur dieser Indianermission war Pierre-Jean De Smet, der ab 1830 in Missouri bei den Sioux tätig war. Ab 1848, gegen Ende von Roothaans Amtszeit, kamen viele italienische Jesuiten im Nordwesten der USA in der Indianermission zum Einsatz.

Schulwesen

Als drittes Element des Neuanfangs unter Roothaan ist das Schulwesen zu erwähnen. Wie schon in der alten Gesellschaft Jesu vor 1773 galt die Erziehung der Jugend als herausragender Bestandteil der seelsorgerischen Aufgaben des Ordens. «Heute ist die dringlichste Aufgabe die Erziehung der Jugend», denn «die Wiedergeburt der Welt hängt von der Jugenderziehung ab», so schrieb schon General Fortis 1825 an zwei Patres. Tatsächlich arbeitete der Orden intensiv an seinem Wiedereinstieg in die Bildung. Schon unter Fortis hatten Beratungen begonnen, wie man die mittlerweile gut zweihundert Jahre alte *Ratio Studiorum* an die neuen Umstände anpassen könnte. Zehn Jahre lang, zwischen 1820 und 1830, wurden viele Meinungen eingeholt und zahlreiche Diskussionen geführt. Viele Jesuiten vertraten in diesen Jahren ein recht konservatives Bildungsideal und wollten keine oder nur geringe Änderungen an der *Ratio* vornehmen, andere waren offener für Anpassungen. Mehrfach angesprochen wurde beispielsweise der Wunsch nach volkssprachlichem Unterricht, nach größerem Praxisbezug im Sinne von beruflich nutzbaren Lerninhalten, nach mehr naturwissenschaftlichen Themen und einer stärkeren Einbeziehung von Geschichte, die sich mittlerweile als kulturelle Leitdisziplin etabliert hatte. Für die Reformer ging es um eine «Anpassung an den Geist der Zeit». Im Auftrag von Fortis hatten die Jesuiten bei diesen Diskussionen immer auch einen Seitenblick auf die anderen, nicht-kirchlichen Schulen geworfen, denn anders als früher mussten die Jesuitenschulen im 19. Jahrhundert nun mit vielen öffentlichen und staatlichen Schulen konkurrieren.

Roothaan, eben zum General gewählt, schloss diesen komplizierten Selbstfindungsprozess ab, motiviert auch durch seine eigenen Erfahrungen, die er als Rektor des Kollegs in Turin gesammelt hatte. Eine Kommission befasste sich 1830/31 mit den diversen Anregungen und beschloss eine Mischung aus starker Tradition und punktueller Anpassung des Lehrprogramms. 1832 veröffentlichte Roothaan somit kein völlig neues pädagogisches Grundsatzdokument, sondern eine modifizierte Version des Textes von 1599. Aktualisiert wurden didaktische Verfahren und einige Schwerpunktsetzungen einzelner Fächer. Klar – viel klarer, als das 1599 nötig gewesen war – positionierte man 1832 die *Ratio* im ideologischen Meinungskampf der Zeit. Die reformierte *Ratio* präsentierte jesuitische Schulbildung direkt als Bollwerk gegen die säkularen, religionskritischen und materialistischen Strömungen der Zeit. Mit dieser Frontstellung erkannte man an, dass die christlich-katholische Weltsicht mittlerweile einem Chor von gesellschaftlich hoffähigen und gut etablierten intellektuellen Alternativen gegenüberstand. So stellte die Reform der *Ratio* unter Roothaan einen vorsichtigen Kompromiss dar, der klare Traditionsbindung mit behutsamer, jedoch offenkundiger Anpassung an die veränderte Umwelt verband. Damit wies Roothaan zwar einstweilen seinem Orden einen neuen Weg, langfristig sollte sich jedoch zeigen, dass dies keine ausreichend tragfähige Basis für die Gewinnung von kulturellem Einfluss war.

8. Kulturkampf: Ultramontaner Katholizismus und die Allianz mit dem Papsttum (1850–1915)

Bei allen Anstrengungen Roothaans und bei allen Erfolgen, die sein Generalat mit sich brachte: Auch 1853, bei seinem Tod, war der Orden nach wie vor nur ein Schatten seines früheren Selbst. Die Gesellschaft Jesu hatte immer noch lediglich 5209 Mitglieder, knapp ein Viertel der Stärke vor ihrer Aufhebung. Es dauerte noch zwei weitere Generationen, bis der Orden die alte Größe wieder erreichte, die er in den Jahren nach 1950 sogar für einige Jahre übertreffen sollte.

Politische Achterbahn und Ablehnung

Die ersten Jahrzehnte nach der Wiederbegründung waren eine Phase großer äußerer Unsicherheiten. Nicht nur Roothaan selbst, auch sein Nachfolger Petrus Johannes Beckx sah sich mehrfach genötigt, Rundbriefe zur Tröstung in den ständigen «Anfeindungen der gegenwärtigen Zeit» zu schreiben. «Anfeindungen» und «Widerstände» hatte es zwar auch früher viele gegeben, wie etwa der Ordenshistoriograph Daniele Bartoli im 17. Jahrhundert dargelegt hatte. Doch gerade das lange 19. Jahrhundert wurde zu einer unübersichtlichen Achterbahnfahrt für den Orden wie keine Periode davor. Immer wieder wurden die Jesuiten in verschiedenen Ländern erst zugelassen, dann verboten, dann wieder zugelassen und erneut verboten. Exemplarisch waren die Verhältnisse in der Spanischen Welt: In Spanien wurden die Patres 1815 zugelassen, 1820 vertrieben, 1833 erneut zugelassen und von 1835 bis 1852 wieder verboten. Aus Argentinien wurden die Jesuiten nach nur wenigen Jahren schon 1843 wieder vertrieben, aus Paraguay 1844, aus Kolumbien 1850, aus Guatemala 1871 und aus Peru 1886. Während die Ordensgeneräle bis 1773 ununterbrochen in Rom residierten, mussten sie in dieser Periode die Ewige Stadt gleich dreimal ins Exil verlassen: 1848 bis 1850, als der italienische Teil der gesamteuropäischen Revolutionsbewegung auch Rom erreichte, musste Roothaan vor den Revolutionären fliehen und ging nach Marseille; 1873, nachdem im Italienischen Einigungskrieg die Truppen Garibaldis die heilige Stadt besetzt und den Papst zum Gefangenen im Vatikan gemacht hatten, gingen Beckx und die Generalkurie nach Fiesole bei Florenz, wo man bis 1895 blieb; nach 1915 musste der österreichische Ordensgeneral Ledóchowski mit Beginn des Weltkriegs als feindlicher Ausländer die italienische Hauptstadt verlassen. Er setzte seine Amtsgeschäfte von der Schweiz aus fort.

Die ständigen Vertreibungen führten zu einem unsteten Leben. In Lateinamerika zogen Jesuiten bei einer Ausweisung in benachbarte Länder weiter, deren Sprache sie verstanden, und setzten dort ihre Arbeit fort. In Deutschland führte vor allem die erneute Ausweisung 1872 zur Emigration ganzer Niederlassungen in benachbarte Länder. Die Redaktion der wichtigsten deutschsprachigen Jesuitenzeitschrift *Stimmen aus Maria Laach* (später: *Stimmen der Zeit*) musste in den Jahrzehnten bis zum Ersten Weltkrieg nacheinander an nicht weniger als fünf Standorten in Belgien, Luxemburg und den Niederlanden Unterschlupf finden. Doch neben Schwierigkeiten brachte dies alles auch eine ungeahnte Internationalisierung jesuitischer Lebensläufe und Erfahrungen. Hochrangige deutsche Jesuiten wie der spätere Kardinal Franz Ehrle studierten Theologie in England. Besonders die Beziehungen zwischen Europa und Nordamerika nahmen eine ganz neue Intensität an. Viele vertriebene Jesuiten aus Frankreich, Deutschland oder der Schweiz wurden in den USA heimisch.

Diese Vertreibungen erfolgten oftmals aus grundsätzlicher Ablehnung der Gesellschaft Jesu. In Fortsetzung der Entwicklungen des späten 18. Jahrhunderts und der Französischen Revolution gingen immer mehr Regierungen auf Distanz zu Kirche und christlichem Glauben. Das führte regelmäßig dazu, dass weltliche Regimes die Aktivitäten des Ordens besonders streng kontrollierten oder begrenzten. Teilweise wurde aus dieser Distanz zur Religion sogar offene Feindschaft – die oft die Jesuiten zuallererst zu spüren bekamen. Der Orden fungierte dann als Projektionsfläche für politische, religiöse und kulturelle Ängste, Hoffnungen und Befürchtungen jeder Art.

Antimodernismus und ultramontane Jesuiten

Die Jesuiten spiegelten die Abneigung vieler Intellektueller und Politiker und lehnten ihrerseits zahlreiche Elemente des Weltbilds des 19. Jahrhunderts mehr oder weniger kompromisslos ab. Gegen den gefährlichen Zeitgeist sahen selbst intellektuell führende Jesuiten ihr Heil nur in einem «Katholizismus der alten Art» (*Cattolicismo all'antica maniera*). Die Jesuiten verharrten deshalb gegenüber der politischen, geistigen und intellektuellen Kultur ihrer Zeit praktisch wie theoretisch in einem Denkmodell von Opposition und Widerstand, ein ähnliches Bild wie zur Zeit der Aufklärung: Zwar leisteten einzelne Jesuiten de facto Aufsehen erregende Beiträge zum neuen Denken, doch der Orden als Ganzes und seine Grundstimmung als große kirchliche Institution waren überwiegend konservativ, modernekritisch und defensiv.

Mit kaum einer der neuen kulturellen Entwicklungen des 19. Jahrhunderts konnten die Jesuiten etwas anfangen. Schnell wandten sie sich – wie die Mehrheit der Katholiken – gegen den nunmehr vielerorts offen propagierten philosophischen wie politischen Säkularismus. Konkret hieß das vor allem, dass die Jesuiten strikt jede Form der Trennung von Staat und Kirche ablehnten, die sie mit der Revolution in Frankreich verbanden. Dies beinhaltete auch eine Kritik am Sozialismus, dem sie Materialismus und eine grundsätzliche Leugnung jeglicher Transzendenz vorwarfen. Kritisch standen die meisten Jesuiten außerdem allen Formen liberalen oder gar demokratischen Denkens gegenüber. Hier stand im Zentrum die theologisch begründete Furcht vor übertriebenem Individualismus. Forderungen nach politischer Partizipation wurzelten ihrer Ansicht nach in völliger Überschätzung des Einzelnen und seiner Fähigkeiten. Dagegen setzten Jesuiten ein Gesellschaftsmodell, das vor allem die Einbettung der Familien in hierarchische Sozialverbände betonte. Man erhoffte sich direkten Zugriff der Kirche und ihrer Amtsträger auf alle entscheidenden Lebensbereiche. Zudem wurde Demokratie oft mit Revolution identifiziert. Hier hatte das radikale Verhalten der Revolutionäre von 1830 und vor allem 1848/49 neue Gräben aufgerissen. Nur sehr widerwillig und mit dem Gestus ungläubigen Erstaunens konnten die Jesuiten in Amerika deshalb anerkennen, dass sie dort enorm von der demokratisch garantierten Religionsfreiheit profitierten.

Zu den besonderen ideologischen Herausforderungen der neuen Zeit für die Patres zählte auch der Nationalismus, den es als politische Kraft und kulturelle Leitidee vor 1773 ebenfalls noch nicht gegeben hatte. Die damit drohende kulturelle und politische Fragmentierung der Welt und die Forderung nach mehr oder weniger bedingungsloser Unterordnung religiöser und kirchlicher Werte unter nationale Ziele waren für die Jesuiten nicht leicht zu akzeptieren. Eine besonders dramatische Rolle spielte ihre Opposition gegen den Nationalismus in Italien, wo die Vision eines geeinten Nationalstaats auch die Aufhebung des Kirchenstaates beinhaltete. Für den Orden war dies keine legitime Lösung, weder im Vorfeld des Einigungskrieges 1869/70 noch nachdem der Kirchenstaat tatsächlich aufgehoben worden war. Mitglieder des Jesuitenordens wie Carlo Passaglia, die das Ende des päpstlichen Staates akzeptierten, mussten den Orden verlassen.

Die diversen Frontstellungen der Kirche und des Ordens gegen den Zeitgeist bündelten sich ab der Mitte des 19. Jahrhunderts. Die dramatischen Umstände der Revolution von 1848/49, vor allem die Vertreibung von Papst Pius IX. und General Roothaan aus Rom, führten letztlich zur pointierten Artikulation eines papsttreuen, organisatorisch und theologisch strikt romzentrierten, konservativen, hierarchischen und universalistischen Katholizismus, den viele Ordensmänner stilbildend aufgriffen. Dieser sogenannte Ultramontanismus stellte eine neue Vision von Kirche dar, die es in dieser Schärfe und systematischen Durchführung bisher nicht gegeben hatte. In diesem Geist standen die Jesuiten mehrheitlich hinter dem 1854 verkündeten Dogma der «Unbefleckten Empfängnis Mariens» und hinter der Verdammung des «Modernismus» 1864 durch den *Syllabus errorum* von Papst Pius IX. Auch das auf dem Ersten Vatikanischen Konzil 1869/70 verkündete Unfehlbarkeitsdogma – ein weiterer wichtiger Baustein des neuen ultramontanen Kirchenverständnisses – wurde von jesuitischen Theologen formuliert und entschieden verteidigt. Der dergestalt neu aufgestellten Kirche sollten die (katholischen) Staaten dann wesentlichen Einfluss auf Politik und Gesellschaft einräumen, so hoffte man. Ihren Höhepunkt erreichte die intransigente, fortschrittsfeindliche und autoritäre Variante des Katholizismus unter Papst Pius X., der 1907 den Modernismus ein weiteres Mal verurteilte. Zumindest einige Jesuiten verstanden sich damals in diesem übersteigerten Sinn als «integrale Christen» und plädierten konsequent für eine Unterordnung der Gellschaft unter die kirchliche Hierarchie und religiöse Leitlinien.

Die Konfessionskultur des Ultramontanismus wurde in Europa geboren, und sie war zutiefst eurozentrisch. Der internationale Katholizismus sollte homogen und rombezogen sein. Doch die Verbindlichkeit einer solchen europäischen Variante war für Katholiken etwa in den Amerikas oder in Asien nicht mehr ohne Weiteres einleuchtend. In den USA kam es immer wieder zu Konflikten zwischen einer «europäischen» und einer «amerikanischen» Variante, die auch die Jesuiten entzweiten. Amerikanische Jesuiten waren offener für die kulturellen und politischen Besonderheiten ihres Landes – oder behaupteten das zumindest. Die Spezifika des amerikanischen Katholizismus wurden schließlich vor allem seitens der Gegner zu einer eigenen, unabhängigen Frömmigkeitsform hochstilisiert und als sogenannter «Amerikanismus» denunziert. Papst Leo XIII. verbot diesen schließlich in mehreren Dokumenten unter Beifall vor allem italienischer und deutscher Jesuiten. Allerdings konnte sich diese Haltung nur eingeschränkt durchsetzen. Als die amerikanischen Jesuiten 1909 eine neue Zeitschrift gründeten, wählten sie dafür gerade den – bis heute bestehenden – Titel *America*.

Schulen und theologisch-philosophische Positionierung

Die angefeindete, aber auch feindselige Position, in der sich die Jesuiten in der zweiten Jahrhunderthälfte immer wieder befanden, lässt sich an zwei Beispielen besonders gut illustrieren: der Schulpolitik und der theologischen Positionierung. Das Schulwesen war vielleicht der prominenteste konkrete Konflikt zwischen Jesuiten und den veränderten Staaten und Gesellschaften des 19. Jahrhunderts. Im Grunde genommen ging es um die Frage, ob und wenn ja, in welcher Form jesuitische Bildungseinrichtungen überhaupt bestehen durften. Die modernen Nationalstaaten – von Frankreich über die neuen Staaten Mittel- und Südamerikas bis hin zu den USA – verstanden Schulpolitik zusehends als staatliche Aufgabe. Für manche Regimes war die Aufhebung der Jesuitenschulen ein unverzichtbarer Schritt hin zur heiß ersehnten Autonomie des Staates von kirchlichen Einflüssen. Nicht nur Protestanten in den USA oder in Deutschland, sondern auch viele politische Kräfte in Frankreich oder Italien sahen im klerikalen Lehrpersonal die Verkörperung unzulässigen kirchlichen Einflusses. Anders als in der alten Gesellschaft Jesu ging es hier nicht mehr nur um weiterführende Schulen und Hochschulen. Diese betrieben die Jesuiten zwar weiterhin mit Vorliebe, doch gerade die zunehmend einflussreicheren amerikanischen Ordensprovinzen engagierten sich auch stark in den Grundschulen. Das vergrößerte nicht nur die Reichweite des Ordens, es brachte auch neue Dynamik in die Debatte, denn nun schien für die Jesuitengegner geradezu die Indoktrination der breiten Masse bevorzustehen. Bis hinab in die kleinsten Dörfer tobte der Streit um Schulen und Lehrpläne, und er konnte leicht eskalieren: 1854 wurde John Bapst, ein aus der Schweiz immigrierter Jesuit, in der kleinen nordamerikanischen Siedlung Ellsworth/Maine geteert und gefedert und davongejagt, weil er es gewagt hatte, die Errichtung einer katholischen Schule in der protestantischen Ortschaft voranzutreiben.

Je länger der Streit anhielt, desto mehr stellte sich allerdings die Frage, ob bzw. inwieweit die Schulen der Jesuiten überhaupt noch mit den staatlich organisierten oder genehmigten Ausbildungsstätten mithalten konnten. Während einerseits die Bedeutung katholischer und jesuitischer Schulen für die breite Vermittlung wenigstens rudimentärer Bildungsinhalte kaum zu überschätzen ist, kamen spätestens Ende des 19. Jahrhunderts allenthalben heftige Zweifel an der Qualität jesuitischen Unterrichts auf.

Bezeichnend dafür ist eine Kontroverse, die in Massachusetts begann, jedoch bald nationale Aufmerksamkeit erlangte. 1893 veröffentlichte der Präsident von Harvard, Charles W. Eliot, eine Liste von hundertzwölf Colleges, deren Absolventen zur Juristenausbildung in Cambridge zugelassen würden. Nur drei katholische, und zwar jesuitische Einrichtungen wurden als gut genug befunden – und zwei von ihnen wurden 1897 von der

Liste gestrichen. Das war vor allem ein Angriff auf die intellektuelle Qualität der zeitgenössischen katholischen Schulausbildung. Die amerikanischen Jesuiten verteidigten sich vehement, insbesondere durch eine vielgelesene Gegendarstellung aus der Feder von Timothy Brosnahan, dem ehemaligen Präsidenten des benachbarten Boston College (und in dieser Funktion neunter Nachfolger des Selbstjustizopfers John Bapst). Brosnahan wies Eliot eine Reihe von Fehlern nach und legte mit einer gewissen Eigenwerbung dar, dass es jüngst sehr wohl Modernisierungen im katholischen Bildungswesen gegeben habe. Viele andere Jesuiten reagierten dagegen mit sturem Beharren auf den guten alten Werten. Sie demonstrierten damit de facto, dass Eliot vielleicht nicht dem Buchstaben, aber doch dem Geist nach in mancher Hinsicht nicht Unrecht gehabt hatte.

Jesuitische Ausbildung verpasste in Europa, insbesondere aber in den USA, damals tatsächlich allmählich den Anschluss an die Entwicklungen der Zeit. Man hielt weiterhin vielerorts an einer auf die Zeitgenossen überholt wirkenden lateinischen Klassikerausbildung fest. Für Bestrebungen, Schul- und Universitätsausbildung mit neuen technischen oder wirtschaftlichen Fächern anzureichern, hatten nur wenige Ordensmänner Verständnis. Speziell die anderswo bereits populäre Praxis, dass Studierende thematische Schwerpunkte selbst bestimmen sollten, war für die Jesuiten mit ihrer generellen Festlegung auf einen humanistisch-klassischen Kanon nur schwer annehmbar. Ungeachtet ihrer zahlenmäßigen Bedeutung kamen somit die jesuitischen Hochschulen intellektuell kaum aus dem Mittelfeld heraus.

Zum Symbol für die demonstrative Traditionalität wurde der Versuch der Jesuiten, katholische Lehre nun vorwiegend im Gewande einer Aktualisierung mittelalterlicher Philosophie zu entfalten. Die zweite Hälfte des 19. Jahrhunderts wurde zur Blütezeit der Neuscholastik, vor allem des Neuthomismus. Gegen die zeitgenössischen Formen und Inhalte von Philosophie brachte der Jesuitenorden eine Neuauflage der traditionellen christlichen Metaphysik und philosophisch-theologischen Synthese in Stellung. Wie schon in der Frühen Neuzeit, und doch mit zeitaktueller Ausrichtung, legten sich jesuitische (und viele andere) Denker ab der Jahrhundertmitte erneut auf die mittelalterlichen Lehren des Thomas von Aquin als theologisch-philosophische Grundanschauung fest und entwickelten sie kreativ und kompromisslos zu einer aktuellen Alternative zu allen «modernen» philosophischen Auffassungen weiter. Jesuiten wie Joseph Kleutgen, Luigi Taparelli und viele andere bauten an diesem neuen Gedankensystem als Architekten mit. Mit dieser besonderen Wertschätzung einer auf Systematik, Dogmatik und Metaphysik abzielenden Lehrform im mittelalterlichen Gewand verband sich eine weitgehende Abwendung von den neu entwickelten historischen Wissenschaften, die in liberalen und protestantischen Theologenkreisen Furore machten. In einer umfassenden Historisierung der Theologie und vor allem der Analyse der Bibel lag eine wesentliche Leistung der modernen (protestantischen) Universitäten Deutschlands im Gefolge der Humboldt'schen Reformen. Für die Jesuiten war dies lange Zeit gerade kein Anknüpfungspunkt, im Gegenteil.

Eine jesuitische Moderne?

Die zunehmend kämpferische Ausrichtung des Ordens auf das Programm eines ultramontanen Katholizismus zeigte sich nicht nur in den öffentlich vertretenen Positionen. Auch nach innen wurde der konservative Grundkonsens des Ordens verteidigt. Das führte zu Repressionen gegen einzelne Jesuiten, die sich diesen kulturellen Leitlinien allzu offen widersetzten. Für «modernistische» Jesuiten war im Orden kein Platz. Berühmt wurden die Fälle von George Tyrell und dessen Freund Henri Bremond, die aus dem Orden entlassen wurden. Auch Carlo Maria Curci, ein prominenter Publizist des Ordens, der zwar der Tradition verbunden blieb, aber zugleich in manchen Punkten dem ultramontanen Konsens vehement widersprach, etwa indem er offen das Ende des Kirchenstaates 1870 akzeptierte und umfassende Reformen von Kirche und Klerus forderte, wurde immerhin vierzehn Jahre lang (1877–1891) aus dem Orden ausgeschlossen. Er durfte jedoch kurz vor seinem Tod wieder eintreten. Später, im 20. Jahrhundert, erregten die Schriften Pierre Teilhard de Chardins mehrfach Aufsehen. Teilhard, ein führender Paläontologe und Geologe seiner Zeit, versuchte durch sein eigenwilliges mystisches Denken Theologie und Naturwissenschaften zu verbinden. Das führte ihn zu unorthodoxen Umdeutungen zentraler Lehrinhalte des Katholizismus, unter anderem zu einer Reinterpretation der Erbsünde und zu einer positiven Bewertung der Evolutionstheorie. Der Vatikan verbot und verhinderte mehrfach die Publikation seiner Werke. Obwohl Teilhard nicht aus dem Orden ausgeschlossen wurde, erlegte man ihm jahrzehntelanges Exil in China auf.

Und doch muss man festhalten: Bei aller konservativ-antimodernistischen Ausrichtung des Ordens bewahrte sich die Gesellschaft Jesu stets einen gewissen kulturellen Spielraum. Weder in der Kirche noch im Orden war der ultramontane Radikalismus jemals ganz alternativlos gewesen. Neben den «harten» Päpsten Pius IX. und Pius X. waren andere Oberhirten wie Leo XIII., Benedikt XV., Pius XI. und Pius XII. am Beginn des neuen Jahrhunderts etwas flexibler im Umgang mit dem Zeitgeist. Die Ordensleitung in den Provinzen und vor allem die Ordensgenerale Franz Xaver Wernz und Wladimir Ledóchowski in Rom neigten um und nach 1900 ebenfalls eher einer flexibler konservativen Richtung zu und wollten sich vor allem nicht für «integrale» Extrempositionen vereinnahmen lassen. Aus der Perspektive radikaler Ultramontanisten wurden die Jesuiten deshalb bisweilen kritisch beäugt und gelegentlich sogar eines opportunistischen Flirts mit der Moderne bezichtigt. Solche Unterstellungen gingen sicherlich zu weit, denn offen «modernistische» Positionen wurden um 1900 nur von wenigen Patres vertreten. Doch nahmen viele Jesuiten in Einzelfragen durchaus vorwärtsweisende Positionen ein, zustimmend am Puls der Zeit.

Das galt beispielsweise im Bereich der Wissenschaft, wo man die alte Tradition der global vernetzten katholischen Forschungsarbeit erfolgreich fortsetzte. Noch 1914 waren Jesuitenwissenschaftler fest davon überzeugt, dass «Wissenschaft dem Menschen hilft, einen höheren Schöpfer in der Natur zu erkennen». Während man aus diesem Grund zwar Darwins Evolutionslehre insgesamt ablehnte, waren um 1900 auf dieser Basis weiterhin zahlreiche Jesuiten führende Wissenschaftler auf vielen anderen Gebieten. Angelo Secchi und Johann Georg Hagen betrieben in Rom und Washington, D. C./Georgetown weltweit anerkannte astronomische Forschung, während die Patres in Zikawei bei Shanghai sich seit 1872 systematisch der Meteorologie widmeten. Bei der Erforschung der Erdgeschichte waren Jesuiten weltweit führend; Bernard Macelwane beispielsweise war einer der bedeutendsten Geologen und Seismologen seiner Zeit. In China waren zeitgleich mehrere Jesuiten im Rahmen französisch finanzierter paläontologischer Missionen auf jahrelangen Grabungskampagnen unterwegs. Teilhard de Chardin schloss sich ihnen nach seiner Exilierung an. Gleichzeitig baute sein schwäbischer Ordensbruder Franz Ehrle Bibliothek und Archiv des Vatikans zu international angesehenen Forschungsstätten der Geisteswissenschaften aus. Zum Zwecke einer Anpassung an moderne geisteswissenschaftliche Arbeitsstandards riet Ehrle auch Ordensgeneral Luis Martín García in den 1890er-Jahren dazu, neue Initiativen im Bereich der eigenen Ordensgeschichte zu starten. Das betraf insbesondere das noch immer laufende Projekt einer umfassenden Quellenedition zur Geschichte des Ordens, die *Monumenta Historica Societatis Jesu* – bis heute beruht auf ihnen die Historiographie zur Gesellschaft Jesu. So entstand im Orden trotz konservativer Grundhaltung durchaus so etwas wie eine «orthodoxe» oder «katholische Moderne» (F. Tacchi; J. T. McGreevy).

Als zeitgemäß und innovationsfähig – und insofern durchaus als modern – erwiesen sich die Jesuiten des 19. und frühen 20. Jahrhunderts noch in einem anderen Punkt: Sie passten ihre Medienstrategien den veränderten Möglichkeiten und Gepflogenheiten an. 1850 gründete der Neapolitaner Jesuit und Thomist Carlo Maria Curci die *Civiltà Cattolica*, die erste italienischsprachige Zeitschrift, die zum lautstark publizierenden Sprachrohr der Jesuiten wurde. Bis dahin hatten die Jesuiten, die ansonsten fast alle Medienformen intensiv nutzten, nur wenige Zeitschriften gegründet, sieht man vom 1701 in Paris gestarteten *Journal de Trévoux* einmal ab. Das sollte sich mit und durch die *Civiltà Cattolica* grundlegend ändern. Die Zeitschrift steht exemplarisch für das neue – und neuartige – Bedürfnis einer jüngeren Generation von Ordensleuten, offen und lautstark in aktuelle politische und ideologische Debatten einzugreifen, besonders nach den aus ihrer Sicht traumatischen Entwicklungen der Revolutionen von 1848/49. Der Orden sollte in den öffentlichen Meinungskampf der Epoche einsteigen.

Wie ungewöhnlich dieser Schritt damals war, zeigt die ablehnende Reaktion von General Roothaan, der sich offen die Frage stellte: «Ist dies der rechte Zeitpunkt?» Nicht zuletzt angesichts der höchst prekären politischen Situation in Italien beantwortete er selbst sie negativ. Schließlich hatten demokratisch und national gesinnte Revolutionäre soeben den Papst vorübergehend verjagt. Es schien Roothaan unklug, gerade jetzt zu den politischen Fragen offen und parteiisch Stellung zu beziehen. Würde man dadurch nicht «den Gegnern des Klerus Gelegenheit geben, uns mal in der einen, mal der anderen Sache anzuklagen»?

Doch Jesuiten wie Curci wollten nun auch publikumswirksam genau an diesen weltanschaulichen Streitigkeiten teilnehmen, sie wollten eine sichtbare Positionierung des Ordens in den ideologischen Konflikten der Zeit. Man müsse der Agitation der gegnerischen Presse etwas entgegensetzen, deren Meinungsmache «widerlegen» und «die Polemik mit den Journalisten aufrechterhalten». Es brauche eine publizistische «Medizin» gegen die Übel der Zeit. Curci wollte in seiner neuen Zeitschrift auch in der Öffentlichkeit «gegen jenes [modernistische] System kämpfen». Mithilfe des Papstes setzte er sich gegen Roothaan durch. Die Zeitschrift wurde gegründet und erwies sich als einer der größten Erfolge des Ordens. Zahlreiche weitere Journale folgten weltweit, inhaltlich durchaus auch mit anderer, weniger römisch-ultramontaner Ausrichtung. Doch alle diese jesuitischen Zeitschriften insgesamt waren Zeichen der neuen Zeit.

Die soziale Frage

Ausrichtung und Selbstverständnis des Ordens erfuhren seit dem letzten Drittel des Jahrhunderts eine weitere wichtige Verschiebung, nämlich als man begann, die Folgen und Implikationen der «sozialen Frage» ernst zu nehmen. Der wirtschaftliche und demographische Wandel des 19. Jahrhunderts hatte die sozialen Strukturen der Welt dramatisch verändert. Industrialisierung und Verstädterung riefen größte Not hervor. Arbeiter wurden ausgebeutet und verelendeten, was aus Sicht der Kirche zu ihrer moralischen und religiösen Verwahrlosung führte. Nicht nur die Jesuiten sahen hier ein neues Heidentum heranwachsen, befördert durch die populärer werdenden sozialistischen Ideen. Schritt für Schritt entwickelte die Kirche gegen diese Tendenzen im letzten Drittel des 19. Jahrhunderts eine «katholische Soziallehre», die soziale Ungleichheit, Ausbeutung und Unterdrückung aus christlich-kirchlicher Sicht kritisierte und zugleich eine neue, gerechtere Gesellschaftskonzeption entwarf. Die Kirche sah sich in sozialer Verantwortung, und zwar in Theorie und Praxis. Wichtige Anregungen kamen unter anderem aus Deutschland, etwa von Wilhelm von Ketteler. Italienische Jesuiten übernahmen seine Gedanken, die sie geschickt in die vorherrschende thomistische Philosophie eingliederten. Die sozialpolitische Öffnung der Jesuiten erfolgte somit durchaus auf der Basis und in Fortentwicklung ihres konservativen, ultramontanen Katholizismus. So verfasste der Thomist Curci 1885 – während seiner Verbannung aus dem Orden! – in Fortsetzung von Kettelers Ideen ein Buch zum *Christlichen Sozialismus*.

Grundlegend für die neue katholische Sicht auf die sozialen Härten der Industrialisierung war dann die Sozialenzyklika *Rerum novarum*, die Papst Leo XIII. 1891 erließ und die stark auf dem thomistischen Gedankengut der Jesuiten Matteo Liberatore und Camillo Mazzella basierte. Darin verband sich die Kritik am individuumszentrierten modernen Staats- und Gesellschaftsverständnis mit der Kritik am individuumszentrierten Kapitalismus. Faire Entlohnung und Anpassung der Produktionsverhältnisse an die Bedürfnisse der arbeitenden Menschen seien christliche Pflicht. Die Organisation der Arbeiter in «Vereinen» oder «Verbänden» wurde ausdrücklich begrüßt. Dem Staat billigte Leo eine zentrale Rolle als Gestalter der sozialen Verhältnisse zu, denn das freie Spiel der Marktkräfte habe versagt. Zugleich hielten die Jesuiten und der Papst in antisozialistischer Stoßrichtung sowohl am individuellen Privateigentum als auch an der herausgehobenen Rolle des Familienverbandes und an einer hierarchisch strukturierten Gesellschaftsordnung fest.

Diese Gedanken sollten Jesuiten wie Heinrich Pesch in den Jahrzehnten nach *Rerum novarum* immer weiter entfalten. Zwei andere deutsche Patres, Oswald von Nell-Breuning und Gustav Gundlach, waren 1931 die wichtigsten Autoren der Enzyklika *Quadragesimo anno* von Pius XI., die vierzig Jahre später erneut die Grundlagen einer katholischen Soziallehre skizzierte. Etwa gleichzeitig dehnte der amerikanische Jesuit John LaFarge Leos XIII. Betonung von «Gerechtigkeit» auf die Frage nach der Behandlung der Schwarzen in Amerika aus.

Neben der Theorie stand schon um die Jahrhundertwende die Praxis. Die Jesuiten griffen ab den 1880er-Jahren Initiativen katholischer Pioniere wie Adolph Kolping auf und versuchten, das Leben der Arbeiter durch konkrete Maßnahmen zu verbessern. Zunächst begriff man die soziale Frage kirchlicherseits vor allem als Problem von Bildung und moralischer Erziehung. Es ging darum, die Arbeiter aus ihrer angeblichen geistlichen Verwahrlosung und geistigen Orientierungslosigkeit zu befreien. Dazu schufen die Jesuiten zusammen mit anderen Aktivisten ein Netz von Vereinen, Assoziationen und Bildungsstätten für Arbeiter. In Reims beispielsweise wurde 1903 die *Action populaire* geschaffen, eine enorm einflussreiche Organisation, die zur Förderung katholischer Identität und Pflege katholischer Milieus auf Publikations-, Bildungs- und Vereinsarbeit setzte. 1912 gründete der französischstämmige Jesuit Bernardo Bergöend in Mexiko inmitten einer blutigen Revolution gegen den Autokraten Porfírio Díaz die «Katholische Mexikanische Jugendassoziation» (*Asociación Católica de la Juventud Mexicana,* ACJM). Deren Ziel war es, «eine christliche Gesellschaftsordnung» wiederherzustellen, was die emphatische Parteinahme für die politischen Ziele der Arbeiter und Bauern einschloss. Es ging um nicht weniger als eine «christliche soziale Restauration» Mexikos. Auch wenn die Jesuiten mit diesen neuen, sozial ausgerichteten Organisationen einerseits einen deutlichen Schritt über die älteren, vorwiegend auf Spiritualität abzielenden Assoziationen vom Typ der Marianischen Kongregationen hinausgingen, so behielten viele Projekte andererseits einen patriarchalisch-klerikalen Zuschnitt, der ihre Durchschlagskraft begrenzte.

Bald trat deshalb die Frage auf, ob es nicht aktivere Vorgehensweisen brauchte, um praktische Veränderungen im Arbeitsleben und Alltag der Massen zu erreichen. In Mexiko beispielsweise wurde unter Mitwirkung der Jesuiten nach 1900 eine Reihe von «Arbeiterkongressen» abgehalten, die konkrete Forderungen zur Verbesserung der Lage der Arbeiter stellten. Überall gab es ähnliche Bewegungen. Auch die Idee von autonomen Gewerkschaften verlor für immer mehr Sozialkatholiken ihre Schrecken, jedenfalls solange diese frei von sozialistischen Einflüssen blieben. Vielerorts befürworteten Jesuiten deshalb christliche oder gar rein konfessionelle Gewerkschaften. General Wernz unterstützte diese partielle Öffnung für den Gewerkschaftsgedanken, während strenge Kreise «integraler» Katholiken in Rom im Grunde genommen nach wie vor allen Formen von Gewerkschaftsorganisation skeptisch gegenüberstanden und besonders den «Interkonfessionalismus» deutscher gemischtkonfessioneller («christlicher») Gewerkschaften ablehnten. Letztlich setzte sich die Linie der sozialkatholischen Jesuiten und anderer Aktivisten insofern durch, als Pius X. – beinahe gegen seinen Willen – auf eine Verurteilung des Gewerkschaftswesens verzichtete und 1912 die «interkonfessionelle» Kooperation in den deutschen Gewerkschaften wenigstens «duldete».

Dies schuf neue Handlungsspielräume. Der mexikanische Pater Alfredo Méndez Medina beispielsweise, der typischerweise ein streng ultramontanes Weltbild mit Begeisterung für soziale Reformen verband, bekam diese Debatten hautnah mit, als er zwischen 1910 und 1912 in Europa lebte. Sofort nach seiner Rückkehr in die Heimat 1913 gründete er in Mexiko katholische Gewerkschaften. Er war überzeugt, dass eine «gute Gewerkschaft den Arbeiter erzieht, aufwertet und zivilisiert». In den USA dagegen gab es zunächst keine christlichen Gewerkschaften. Dennoch ermunterten die Jesuiten die Gläubigen später ebenfalls, in die vor allem nach 1930 entstehenden Massengewerkschaften einzutreten und dort wenn schon keine genuin katholische, so doch eine dezidiert antisozialistische Ausrichtung einzubringen.

In vielen Fällen verschwamm die Grenze dieses dynamischen sozialen Apostolats zu direkter politischer Aktion. Bernardo Bergöends ACJM in Mexiko beispielsweise unterstützte ab 1917 den katholischen Widerstand gegen eine neue Staatsverfassung, in der die Rechte der Kirche sehr stark beschnitten worden waren. Mit zunehmender Repression der Regierung gegen die Priester wurden die Mitglieder der ACJM immer radikaler. Mit vielen anderen sozial engagierten Katholiken nahmen sie schließlich aktiv am Cristero-Aufstand 1926–1929 gegen die antiklerikale Regierung teil. Etliche Patres begleiteten sie als Ratgeber und Seelsorger. Einzelne Jesuiten aus diesem Umfeld, etwa Miguel Agustín Pro, wurden damals von der kirchenfeindlichen Regierung hingerichtet. Zeitgleich mit der Gründung der ACJM war Bergöend auch eng in die Ausgestaltung des Programms der «Nationalen Katholischen Partei» (*Partido Católico Nacional*, PCN) involviert, die politisch allerdings weitgehend unbedeutend blieb. Dennoch waren Bergöend und seine Tätigkeit typisch für eine zunehmend aktive Rolle (auch) der Jesuiten in der politischen Mobilisierung der breiten Bevölkerung, insbesondere der unteren Schichten. Die Bildung katholischer politischer Parteien – mit oder ohne prägende Beteiligung einzelner Jesuiten – wurde weltweit ein wichtiges Standbein sozialkatholischer Aktivitäten, seit dies unter Benedikt XV. endgültig möglich geworden war.

9. Zweiter Sommer: General Ledóchowski und die Turbulenzen der Weltpolitik (1915–1960)

Mit dem Amtsantritt dieses neuen Papstes 1914, der den radikalen Antimodernismus seines Vorgängers Pius X. beendete, erfolgte auch ein Wechsel an der Ordensspitze. Anfang 1915 wurde Wladimir Ledóchowski zum General gewählt. Er hatte eine außerordentlich lange Amtszeit bis zu seinem Tod 1942. Ledóchowski, eine kontroverse Figur, führte die Gesellschaft Jesu mit neuem Fokus und klarer Linie aus den ideologischen Konflikten des späten 19. Jahrhunderts heraus und durch die anders gelagerten, aber nicht minder vielfältigen politischen und religiösen Umstürze des frühen 20. Jahrhunderts. Ein amerikanischer Nachruf verglich ihn nicht ohne Grund mit Ignatius, Acquaviva und Roothaan (WL 72, 1/1942) – gewissermaßen als vierten Ordensgründer. Symbolisch für das enorm gewachsene Selbstbewusstsein des Ordens damals mag der vom General initiierte und 1927 bezogene Neubau der Ordenskurie in Rom am heutigen Standort Borgio Santo Spirito stehen: ein großer und eindrucksvoller, aber auch strenger, kompakter und bollwerkartiger Komplex.

Aufschwung

Unter Ledóchowskis Leitung wuchs der Orden noch einmal enorm – aus 17 000 wurden 27 000 Jesuiten. Von diesem Wachstum profitierten besonders die Missionen. In den ersten Jahrzehnten des 20. Jahrhunderts erreichten viele Jesuiten neue Grenzregionen, von Zentralafrika über Ozeanien bis zu neuen Niederlassungen in China. Selbst in Nome/Alaska, am nordwestlichen Ende des amerikanischen Kontinents, waren nun Patres wie der Franco-Kanadier Bellarmine Lafortune mit vollem

Einsatz dabei, Sprache und Gewohnheiten der lokalen Iñupat zu erlernen, um sie zum Christentum zu bekehren. Lafortune und viele andere orientierten sich weiterhin, *mutatis mutandis*, an den Vorgehensweisen der missionarischen Vorbilder früherer Jahrhunderte. Wie in der Frühen Neuzeit trugen auch im 20. Jahrhundert Jesuiten zur Verbreitung von Wissen über und Begeisterung für abgelegene Regionen und Völker bei. Äußerst erfolgreich mit seinen Publikationen, Filmen und Vorträgen war Bernard Hubbard, ein populärwissenschaftlicher Geologe, Glaziologe und Anthropologe, der als «Gletscherpriester» bekannt wurde.

Auch sonst expandierte die Öffentlichkeitsarbeit der Gesellschaft Jesu unter Ledóchowski, der die Bedeutung der Massenmedien erkannte. 1931 übernahm der Orden die von Pius XI. neu eingerichtete Vatikanische Radiostation. Auch das ordenseigene Pressewesen wuchs damals von etwa 300 Zeitschriften auf 1112 Publikationsorgane in 50 Sprachen. Nicht ohne Stolz traten die Jesuiten 1936 bei der päpstlichen Weltpresseausstellung im Vatikan mit einer eigenen Sektion auf. Ausdrücklich betonte Ledóchowski bei einer offiziellen Ansprache, es sei Zeichen der jesuitischen Presse, solide katholische Lehre mit «Aktualität» und «gesunder Modernität» (*sane modernness*) zu verbinden (WL 66, 2/1937, 353).

Alte Themen, neue Akzente

Zumindest Teile der jesuitischen Publizistik zielten darauf ab, die Arbeiterschaft an die katholische Kirche zu binden. Das soziale Apostolat blieb unter Ledóchowski von herausragender Bedeutung. In Reaktion auf die – ihrerseits ja jesuitisch inspirierte – Sozialenzyklika von 1931 forderte Ledóchowski beispielsweise die amerikanischen Jesuiten 1934 dazu auf, die soziale Dimension ihrer Tätigkeit stärker zu betonen. Die außerordentliche 28. Generalkongregation (1938) wies die Provinziale an, im Zweifelsfall andere Aufgaben zugunsten des sozialen Apostolats aufzugeben. Aus diesem Impuls heraus entstand 1940 in New York das *Institute for Social Order* (ISO), das sowohl konzeptionell wie praxisbezogen agierte. Einzelne amerikanische Jesuiten wurden nun auch zum vertieften wirtschaftswissenschaftlichen Studium nach London geschickt, um bislang fehlendes Fachwissen in die sozialpolitischen Debatten einbringen zu können. Von hier führt ein direkter Weg zu einem Dekret der 29. Generalkongregation 1946, das zur Intensivierung sozialtheoretischer Reflexion den Aufbau ordenseigener Forschungszentren anordnete. 1949 vertiefte Ledóchowskis Nachfolger Johann Baptist Janssens diesen Impetus in einem weiteren wichtigen ordensinternen Rundschreiben.

Auch in anderen Fragen sah Ledóchowski durchaus die Notwendigkeit für eine moderate Anpassung des Ordens an neue Umstände. Schon 1919 hatte er auf Anfrage den Jesuiten im Mittleren Westen der USA erlaubt, Griechisch aus dem Pflichtprogramm der Colleges zu nehmen und die Zahl der Lateinstunden zu reduzieren – ein erster Vorgeschmack auf spätere Initiativen. 1934 richtete der General eine längst überfällige Instruktion speziell an die amerikanischen Jesuiten, die eine maßvolle Reform der Bildungspolitik des Ordens beinhaltete. Darin griff er viele Anregungen auf, die eine von ihm eingesetzte Reformkommission erarbeitet hatte. Er betonte, dass man die «unveränderlichen Prinzipien unserer Gesetze und der *Ratio Studiorum* unangetastet lassen, sie jedoch mit akzeptablen modernen Methoden kombinieren solle, damit die jesuitischen Schulen den besten des Landes gleichrangig sein können» (WL 64, 1/1935, 2). Neben dieser Erlaubnis, einzelne thematische Ergänzungen vorzunehmen, wurde hier erstmals die Gesamtheit des amerikanischen jesuitischen Bildungsapparats systematisch in den Blick genommen. Eine neu gegründete *Jesuit Educational Association* (JEA) sollte nun eine integrative Betrachtung von Struktur und Lehrplan der Ordensschulen im kompetitiven Bildungsmarkt ermöglichen. Selbst wenn die tatsächliche Umsetzung der Reformen aus vielerlei Gründen komplizierter war und weniger durchschlagend ausfiel als erwartet, so waren Ledóchowskis Maßnahmen doch Ausdruck eines gewissen – wenngleich moderaten – Erneuerungs- und Professionalisierungsstrebens.

Unter Ledóchowskis Generalat begann auch eine Neubewertung der jesuitischen spirituellen Tradition, die sich im Verbund mit gesamtkirchlichen Veränderungen vollzog. Benedikt XV. hatte 1919 an der von den Jesuiten geleiteten päpstlichen Universität Gregoriana in Rom einen Kurs in «asketischer und mystischer Theologie» eingeführt. Der Orden griff dieses Programm begierig auf, unter anderem in Form neuer Zeitschriften (*Revue d'Ascétique et Mystique*, seit 1920; *Zeitschrift für Askese und Mystik (ZAM)*, seit 1926 [seit 1947: *Geist und Leben*]). Sie brachten allmählich ein neues Modell von katholischer Frömmigkeit zur Geltung, das neben der moralischen, harten Askese und Disziplin stärker die mystische Dimension, die Glaubenserfahrung und das «innere Leben» (ZAM 1/1926, 2–12) des Glaubens, betonte. Führende Jesuiten, die zukunftsweisende Positionen vertraten, wie der Historiker Hugo Rahner oder der Theologe Ernst Przywara, publizierten dort. Mit diesen neuen Schwerpunktsetzungen leiteten Ledóchowski und seine Mitstreiter auch die Wiederentdeckung eines anderen Ignatius ein – des Ignatius der Visionen und mystischen Verzückung, der, wie die Jesuiten bald selbst erklärten, unter einem «allzu asketischen» und «allzu anthropozentrischen statt theozentrischen» Konzept von Frömmigkeit verborgen gewesen war (WL 72, 1/1942). Diese neue Begeisterung der Ledóchowski-Zeit für die reiche und vielfältige ordenseigene spirituelle Tradition sollte langfristig das Gesicht der jesuitischen Frömmigkeit dramatisch verändern.

Eng verbunden war diese Entwicklung mit einer generellen Hinwendung vorwärtsblickender Gelehrter zur Kirchengeschichte und den historischen Quellen christlicher Spiritualität, insbesondere den Schriften der Kirchenväter. Auch die Liturgie der Kirche und ihre Geschichte wurden nun stärker thematisiert und in ihrer Veränderung diskutiert. Jesuiten wie Jean Daniélou prägten diese sogenannte *Nouvelle Théologie* wesentlich mit. Parallel dazu wiederum wurde der Orden auch verstärkt in neuen päpstlichen Forschungs- und Bildungseinrichtungen tätig, die diesem Geist folgten. Pius XI. richtete ein päpstliches Bibel- und Orientinstitut ein, dessen Leitung den Jesuiten übertragen wurde. Generell reorganisierte der Papst 1931 mit der Apostolischen Konstitution *Deus scientiarum dominus* die katholisch-kirchliche höhere Ausbildung, vor allem das Universitätsstudium. Bei aller fortdauernden Vorliebe für eine thomistische Dogmatik und Metaphysik öffnete sich die kirchliche Gelehrsamkeit nun auch offiziell ein Stück weit für die historischen Wissenschaften, die vielerorts bereits von Patres und Katholiken betrieben wurden. Jesuitengelehrte wie der später zum Kardinal erhobene Augustin Bea waren an der Gestaltung des Dokuments führend beteiligt. Diese Reform hatte im Übrigen direkt für den Orden Konsequenzen, denn auch die Gesellschaft Jesu musste ihre Schulen an die neuen Vorgaben anpassen.

Antikommunismus

Doch Ledóchowskis solide Positionierung seines Ordens in einer «orthodoxen Moderne» hatte ihre Grenzen. Ein zeitgenössischer italienischer Journalist hielt nicht ganz zu Unrecht fest, der General sei «in der Theologie ein Liberaler, in der Politik jedoch ein Konservativer» (WL 51, 3/1922, 370). Eine treibende Kraft seines Handelns war der Kampf gegen den Kommunismus, der in Rom vor allem ab den späten 1920er-Jahren immer stärker in den Vordergrund rückte und zum Dauerbrenner wurde. Das Thema tauchte nun regelmäßig auf Ledóchowskis Agenda auf. Er half tatkräftig bei der von Pius XI. gewünschten Gründung einer päpstlichen antikommunistischen Propagandabehörde (Sekretariat für den Atheismus) unter jesuitischer Leitung 1934, die eine eigene Zeitschrift (*Lettres de Rome*) publizierte. Vom Ordensgeneral kam auch die Idee einer antikommunistischen päpstlichen Enzyklika (*Divini redemptoris*, 1937). Als er in den 1930er-Jahren zu verstärktem sozialem Engagement aufrief, tat er dies auch, um den Kommunisten das Wasser abzugraben. Die Gründung des *Institute of Social Order* in New York war für Ledóchowski eine Reaktion darauf, dass unter den amerikanischen Patres «der Kampf gegen den Kommunismus mittlerweile wieder etwas zu lax geworden war» (WL 88,

2/1959, 119f.). Die amerikanischen Jesuiten ihrerseits verstanden die Arbeit mit den gewerkschaftlich organisierten Arbeitern damals ebenfalls vorwiegend als Kampf gegen kommunistische Einflüsse.

Kommunismus und Sozialismus waren in den Augen der Jesuiten gerade keine sinnvollen Lösungsversuche für soziale Übel, sondern wegen ihrer atheistischen und materialistischen Positionen vielmehr Teil der zu überwindenden Probleme. Die überwältigende Mehrheit der Ordensbrüder teilte diese Haltung bis nach dem Zweiten Weltkrieg. Das schloss allerdings nicht aus, dass sich einige von ihnen dem wissenschaftlichen Studium der sowjetisch-marxistischen Philosophie und Staatsauffassung vertieft zuwandten. Der österreichische Pater Gustav A. Wetter beispielsweise forschte seit den frühen 1940er-Jahren im Auftrag des Ordens jahrzehntelang am päpstlichen Ostkirchlichen Institut in Rom über die «sowjetmarxistische» Philosophie. Daran, dass auch derartige nüchterne Analysen letztlich nur zu einer negativen Beurteilung des Sozialismus führen konnten, bestand für Wetter allerdings kein Zweifel. Mehr als einige wenige «Wahrheitselemente» konnte selbst dieser profunde jesuitische Kenner der Sowjetphilosophie noch 1964 nicht finden. Auch aus philosophischen Gründen blieb der Kommunismus für Wetter letztlich «unannehmbar».

Faschismus und Nationalsozialismus

Die antikommunistische Haltung führte dazu, dass viele Jesuiten während Ledóchowskis Amtszeit eher dem anderen politischen Extrem zuneigten. Sympathien für verschiedene faschistische Systeme der damaligen Zeit sind unübersehbar. Italienische Jesuiten stimmten gerne und lauthals in den populären Lobpreis auf Benito Mussolini ein. Nicht nur spanische Jesuiten rühmten den spanischen Generalissimo Francisco Franco für seine Restauration des Ordens 1938, nachdem in der sozialistisch dominierten Republik davor seit 1932 nicht weniger als hundertachtzehn Jesuiten zu Tode gekommen waren. Auch die amerikanischen Ordensprovinzen schickten mehrere handgeschriebene Glückwunsch- und Dankesbriefe nach Madrid (WL 68, 2/1939, 103–113).

Besonders komplex war in diesem Zusammenhang die Haltung der Jesuiten zum deutschen Nationalsozialismus. Einerseits waren Ledóchowski und eine größere Zahl von Jesuiten von Adolf Hitler beeindruckt, den sie – wie Mussolini oder Franco – nicht nur wegen seiner antikommunistischen Frontstellung, sondern vor allem als ordnungsstiftende Kraft lobten. Andererseits war schon früh unübersehbar, dass der Nationalsozialismus eine andere Kirchenpolitik verfolgte als seine südeuropäischen Pendants. Während Franco und Mussolini in den etablierten Kirchenstrukturen eher eine Ressource zur Stärkung ihrer Herrschaft sahen, blieben die deutschen Nationalsozialisten deutlich kritischer und distanzierter. Ihnen waren insbesondere die Jesuiten suspekt, die – so unsinnig das klingen mag – als Teil der «jüdisch-bolschewikischen Weltverschwörung» denunziert wurden (gleichwohl waren von deren Existenz auch viele Jesuiten überzeugt). Bereits früh mussten die deutschen Jesuiten nationalsozialistische Verfolgung erdulden. 1941 wurden sie als Zeichen der Zurücksetzung vom Dienst an der Waffe in der Wehrmacht ausdrücklich ausgeschlossen, auch wenn mindestens drei Dutzend Patres weiterhin als Soldaten oder Seelsorger in der Armee dienten.

Es ist vor allem festzuhalten, dass nur eine sehr kleine Minderheit im Orden der Rassenideologie zustimmen konnte, die den Nationalsozialismus kennzeichnete. Am offenen und bisweilen aggressiven Antijudaismus vieler Patres konnte zwar kein Zweifel bestehen. Ursprünglich, im 16. Jahrhundert, hatten viele führende Jesuiten einen jüdischen Hintergrund gehabt, unter anderem der zweite Ordensgeneral Diego Laínez und der brillante Ordenssekretär Juan de Polanco. Seit 1593 jedoch waren jüdischstämmige Christen ausdrücklich aus dem Orden ausgeschlossen. Bis ins 19. und 20. Jahrhundert vertraten viele, allerdings keineswegs alle Jesuiten weiterhin eine diffuse Judenfeindlichkeit, die in etwa die Position der breiteren Gesellschaft widerspiegelte. Seit den 1880er-Jahren nahm dann die antijüdische Polemik auch aus Ordenskreisen zu. Die jesuitischen Schriftsteller der *Civiltà Cattolica* agitierten immer schärfer gegen die italienischen Juden; in den 1920er-Jahren befürworteten sie auch die judenfeindliche Gesetzgebung Mussolinis. Im Frühjahr 1914 – noch vor Ausbruch des Weltkrieges – predigte in Wien der Jesuit Victor Kolb: «Unser Ziel ist der Schutz des Deutschen Volkes gegen jüdisches Eindringen und gegen das zerstörerische Werk der Juden.» Ledóchowski dürfte die italienische Übersetzung von Kolbs Texten angeregt haben.

Doch für die meisten Jesuiten – wie für Papst Pius XI. – gab es eine Grenze, die die Nationalsozialisten überschritten, als sie die religiöse und soziale Judenfeindschaft auf eine «rassische» Ideologie umstellten. Nur vereinzelt lassen sich Jesuiten finden, die entgegen dieser katholischen Ablehnung offen einer (nationalsozialistischen) Rassenideologie anhingen. Viele Patres unterschieden deshalb einen «guten» politischen von einem «schlechten» rassistischen Antijudaismus. Diese populäre Denkweise erklärt, weshalb der Orden in den 1930er- und 1940er-Jahren insgesamt eine so ambivalente, ja widersprüchliche Haltung zum Faschismus einnahm. Bezeichnend war das Verhalten von Pietro Tacchi Venturi, der einerseits ein enger Vertrauter des italienischen *Duce* war, andererseits zahlreichen italienischen Juden zur Flucht vor der Deportation verhalf. Zahlreiche Ordensleute wie Rupert Meyer oder Alfred Delp in Deutschland und Michel Riquet in Frankreich wandten sich sogar offen und mutig in Wort und Tat gegen die «widernatürliche» Denkart der Nazis; sie wurden dafür inhaftiert oder sogar hingerichtet.

Ledóchowski auf der anderen Seite sah wie viele andere Patres zumindest Interessenskonvergenzen zwischen dem Katholizismus und den Faschisten. So verhinderte er mehrfach, dass es zu einer offenen Verurteilung des Nationalsozialismus durch die päpstlichen Behörden kam. 1939 verschleppte er die Veröffentlichung einer entsprechenden Enzyklika, die der Jesuit John LaFarge und einige andere Patres für Pius XI. geschrieben hatten (*Humani generis unitas*), so lange, bis der sterbende Papst das Zeitliche gesegnet hatte. Weder der neue Papst Pius XII. noch der Jesuitengeneral teilten das Bedürfnis des soeben verstorbenen Papstes, auch auf die Gefahr eines offenen Bruchs mit der deutschen Regierung hin die katholische Opposition gegen den Rassismus lautstark zu verkünden. In Verbindung mit der strategischen Vorrangstellung des antikommunistischen Kampfes vor dem antifaschistischen Kampf unterstützten starke antijüdische Ressentiments in weiten Teilen des Ordens diese Anbiederung an die Faschisten. Erst 1946, unter dem Eindruck des Holocaust, wurde die Bestimmung von 1593 über den Ausschluss jüdischstämmiger Bewerber revidiert.

Nach dem Krieg – Höhepunkt und Umschwung

Nach dem Weltkrieg blieb unter dem neuen General Janssens (seit 1946) zunächst vieles beim Alten. Das Ordensleben behielt in erheblichen Teilen seine mittlerweile etwas altertümlich anmutende, überkommene Form. Vor allem die Novizenausbildung war weiterhin von asketischer Strenge geprägt. In Amerika blieben die Noviziate – die Gebäude wie der dort zu verbringende erste Ausbildungsabschnitt – Horte der Weltabwendung, und das schon geographisch, da sie sehr oft in großer Abgeschiedenheit lagen. Im Rheinland sprachen junge Leute vom «Gängelband» des Novizenmeisters. Nach wie vor herrschte vielerorts im Orden ein konservativer Geist in der theologisch-philosophischen Ausbildung. «Schopenhauer, Hegel, Kant, usw.», so erklärte angeblich noch 1951 ein alter Jesuitenprofessor seinen Studenten in Leuven, «haben ihre Bedeutung, aber letztlich sind sie total bescheuert» (StadtA Neuss D.04.G.04, 2.7.1951). Angesichts solcher Auffassungen war es kein Wunder, dass das weit verzweigte und imposante katholische Bildungssystem des Ordens in weiten Teilen den üblichen Standards weltlicher Universitäten der Jahrhundertmitte hinterherhinkte.

Auch die geistliche und kulturelle Ausrichtung blieb oft traditionellen Modellen verhaftet. Nicht nur die ältere Generation sorgte dafür, dass Berührungsängste und eine ablehnende Haltung gegenüber der «Moderne» weiterhin verbreitete Grundstimmungen im Orden darstellten. In vielen Bereichen blieb man deshalb dem traditionellen Stil und den bekannten Inhalten katholischer Religiosität treu, teilweise in geradezu sturer Weise.

Im Beichtstuhl wie in öffentlichen Stellungnahmen bewerteten Jesuiten als Seelsorger wie als Moraltheologen menschliche Handlungen zumeist weiterhin in Form eines «legalistischen» Schematismus, der Moral weitgehend formal und losgelöst vom alltäglichen Glaubensleben der Menschen sah. Eine Morallehre, die auf psychologische Bedürfnisse, soziale Zwänge und existentielle Gewissensprobleme einzelner Menschen einging und konkrete Lebensentscheidungen als Problem von Glauben verstand, war damit (noch) nicht denkbar. Auch in der Seelsorge blieben traditionelle Formen (z. B. Herz-Jesu-Frömmigkeit, Kongregationen) stark präsent. Die Begeisterung der Katholiken für diese kirchliche Frömmigkeit war weithin ungebrochen.

Die Jesuiten bemühten sich schichtenübergreifend und erfolgreich, die Katholiken zu erreichen. Dazu nutzten sie intensiv die neuen Medien und ersannen immer neue Organisationsformen. Viele Patres dieser Zeit sind als volksnahe Mittelpunkte der Lokalgeschichte prägende Bestandteile der populären Erinnerung und Verehrung. John M. Corridan, der sich für die Rechte der Hafenarbeiter in New York engagierte, wurde in einem mit acht Oscars ausgezeichneten Hollywood-Film (*On the Waterfront*, USA 1954) porträtiert. Der chilenische Pater Alberto Hurtado, der sich etwa zur gleichen Zeit in der Sozialarbeit engagierte und großen Einfluss auf die Weiterentwicklung des sozialen Apostolats hatte, wurde und wird von der Bevölkerung nicht nur wegen seiner sozialtheoretischen Publikationen, sondern vor allem wegen seiner engagierten und volksnahen Arbeit mit den Armen verehrt – was schließlich zu seiner Heiligsprechung 2005 führte. Mochte sich der Einfluss der Gesellschaft Jesu auch zunehmend auf etablierte katholische und kirchentreue Milieus beschränken, so blieb er dort doch sehr stark. Auf der Basis dieser prägenden Präsenz des Ordens verwundert es auch nicht, dass er selbstbewusst und unangefochten wie lange nicht mehr aus der turbulenten ersten Jahrhunderthälfte hervorgegangen ist. Nie hat es mehr Jesuiten gegeben als in den zwei Nachkriegsjahrzehnten (1965: 36038 Mitglieder). In vielerlei Hinsicht hatten Ledóchowski und Janssens die Jesuiten erfolgreich durch die unruhigen Zeiten geführt.

Und doch waren die Tage der traditionalen Ordenskultur nach 1945 gezählt. Es blieb nach dem Krieg nicht alles gleich, konnte nicht alles gleichbleiben. Waren die Noviziate nach wie vor Inseln einer vergangenen Zeit, so zeigte das sonstige Alltagsleben im Orden zunehmend Zeichen eines Wandels. Die Zellen der Jesuiten glichen nun leidlich komfortablen Einzelzimmern. Wenn die lebhaften Briefe eines jungen deutschen Jesuiten aus Köln repräsentativ sind (StadtA Neuss D.04.G.04), herrschte speziell unter der jüngeren Generation oft eine lockere, bisweilen gar ironische Stimmung. Moderne Unterhaltungskultur hielt Einzug. In Pullach bei München, dem wichtigsten Ausbildungsstandort der deutschen Jesuiten, gab es neben ausgelassenen Faschingsscherzen auch Jazz-Musik live und Kinoabende. Dass man Filme wie *Das Lied von Bernadette* (USA, 1943) nach dem Roman von Franz Werfel sah, weist einerseits darauf hin, dass nach wie vor in erster Linie religiöse Kost zulässig war, andererseits aber auch darauf, dass die neue, stärker existentiell orientierte religiöse Literatur von George Bernanos, Gertrud von Le Fort oder eben Werfel auch in der *Societas Jesu* rezipiert wurde. Freizeitaktivitäten wie Volleyball und Fußball wurden populär.

Auch die Einteilung des Ordens und seine Binnenstruktur wurden an die neuen Realitäten angepasst. In den 1940er- und frühen 1950er-Jahren wurden viele «Missionen» des Ordens zu unabhängigen (Vize-)Provinzen aufgewertet. Schon Ledóchowski hatte die amerikanischen Gebiete zu einer eigenen Organisationseinheit («Assistenz») zusammengefasst, was man den Regionen bis dahin trotz einiger Vorstöße im 18. Jahrhundert stets verwehrt hatte. Auch politische Überzeugungen änderten sich allmählich. Angesichts der katastrophalen Folgen totalitärer Politik in der ersten Jahrhunderthälfte sah der amerikanische Jesuitentheologe John Courtney Murray im Jahr 1949 eine «neue missionarische Reise» für seinen Orden anbrechen, nämlich eine «Reise ins Herz der Demokratie». Immer mehr seiner Ordensbrüder dachten nun ähnlich und griffen damit Aufsehen erregende Radioansprachen von Papst Pius XII. von 1942 und 1944 auf, in denen der Pontifex ebenfalls für die Demokratie

Der junge Jesuit Hans Geismann zeichnete um 1950 sein Zimmer: Das Leben der Ordensleute wird komfortabel und passt sich modernen Standards an.

geworben hatte. Allmählich kam die Wertschätzung moderner freiheitlicher Staats- und Gesellschaftssysteme auch bei den Jesuiten an.

Angesichts der neuen Herausforderungen durch Globalisierung, Bevölkerungswachstum, bevorstehende Dekolonialisierung und technischen Fortschritt machten sich Zweifel und Unsicherheit ob der traditionellen Denkweisen und Strukturen breit. Die Atomtechnologie rückte alte Feindschaften in ein neues Licht: «Was hilft uns der schoenste Wiederaufbau, die beste Aussenhandelsbilanz, wenn der Iwan eines Tages seine V-Waffen mit Atom-Fuellung zu spucken anfaengt», so wunderte sich der erwähnte Kölner Pater am Beginn des Kalten Krieges.

Ganz andere Probleme erzeugte der Fortschritt im Bereich der Sexualmoral, die erst im 20. Jahrhundert angesichts der neuartigen medizinischen Möglichkeiten zu einem definierenden Thema des Christentums geworden ist. In den 1920er-Jahren hatten Jesuitentheologen wie Franz Xaver Hürth die radikale kirchliche Ablehnung der neuen Verhütungsmethoden und der Abtreibung theologisch begründet. Dies war damals ganz wesentlich auch gegen rassenbiologische und radikale eugenische Tendenzen gerichtet gewesen. Eine Generation später allerdings war diese rigide Position zu einem moraltheologischen Problem geworden, als immer mehr Geistliche tagtäglich mit den Gewissensnöten von Gläubigen konfrontiert wurden, die im Ehealltag eine sinnvolle, zeitgemäße Haltung zur Sexualität suchten. Der einstige Konsens in dieser Frage drohte brüchig zu werden.

Die neue globalisierte Realität sozialer und politischer Konflikte ließ außerdem die überkommenen Arbeitsweisen und Deutungsformen des sozialen Apostolats zunehmend unbeholfen und unterkomplex wirken. Ein Bedürfnis nach größerer Direktheit kirchlicher Präsenz und Kommunikation in sozialen Brennpunkten brach sich breite Bahn. Typisch dafür war die Bewegung der «Arbeiterpriester», in der etliche Jesuiten tätig waren. Um über die etablierte Sozialarbeit in Vereinen und Bildungseinrichtungen hinaus einen möglichst unmittelbaren Zugang zur Alltagsrealität der Arbeiter zu gewinnen, lebten und arbeiteten Jesuiten und andere Arbeiterpriester nun in Fabriken und Betrieben. Diese Form der «Einfügung» in die Lebenswelt einer religiös entfremdeten Klasse war in den Jahren nach dem Ende des Weltkriegs höchst umstritten, und die Bewegung wurde auch vorübergehend verboten. Der Fall zeigt die Ambivalenz der damaligen Konfessionskultur: Das alte Weltbild der Zwischenkriegszeit blieb zwar noch mächtig, wirkte jedoch vielerorts zunehmend naiv, idyllisierend und altertümlich. Ein Ausbruch aus dem in sich ruhenden katholischen Milieu der letzten Generationen war nötig und schien zugleich möglich.

10. Ein neuer Orden für eine neue Kirche? Vom Zweiten Vatikanum bis zu Papst Franziskus

Die vereinzelten Veränderungsimpulse wurden schließlich gebündelt, verstärkt und auf ein neues theologisches Fundament gestellt im Zweiten Vatikanischen Konzil, das zwischen Oktober 1962 und Dezember 1965 in Rom tagte. Ähnlich wie im Falle der beiden vorhergehenden Konzilien – Trient (1543–1563) und Erstes Vatikanum (1869/70) – hatten einzelne Jesuiten wie Karl Rahner oder Augustin Bea, aber auch der eher konservative Sebastian Tromp, prägenden Einfluss auf die Beratungen und Entscheidungen. Das Gefühl eines tiefgreifenden Umbruchs, das das Konzil allenthalben auslöste, wurde für die Jesuiten dadurch verstärkt, dass noch während es tagte ein neuer Ordensgeneral sein Amt antrat.

Aggiornamento – und seine Grenzen

Nach dem Tod von General Janssens im Oktober 1964 wählte die Generalkongregation im Mai des Folgejahres mit dem Basken Pedro Arrupe einen charismatischen und begeisternden Außenseiter zum General. Wie kaum ein anderer hat Arrupe das Bild des Ordens in der Gegenwart geprägt. Seit Ignatius hat wohl kein Jesuitenoberer als Persönlichkeit und mit seiner Spiritualität seine Mitbrüder und viele Gläubige außerhalb des Ordens so stark berührt wie Arrupe.

Pedro Arrupe y Gondra war vor seiner Wahl die meiste Zeit seines Lebens als Jesuit in Japan tätig gewesen. Im Sommer 1945 überlebte er in Hiroshima den Abwurf der Atombombe. Durch diese existenzielle Erfahrung besonders für die neuen Probleme der Zeit sensibilisiert, betrachtete er sowohl seinen Orden als auch die katholische Kirche weniger aus einer europäisch-römischen Perspektive als vielmehr vor dem Hintergrund seiner Erfahrungen als Missionar in einem überwiegend nichtchristlichen Land. Zugleich hatte er in Japan, wo er der erste Provinzial einer seit 1958 eigenständigen Jesuitenprovinz geworden war, erste administrative Kompetenzen und Führungsqualitäten erwerben können.

Ohne Zweifel brachte das *aggiornamento* – auf Neudeutsch Update – des Zweiten Vatikanums, das unter anderem zur volkssprachigen Messe mitsamt einer stärker interaktiven Liturgie und zur Aufwertung der Laien in der Ekklesiologie führte, eine Neuausrichtung der Kirche. Davon waren auch die Orden betroffen, hatte sie das Konzil doch in reformerischem Impetus ermahnt, neu nach ihrem ursprünglichen Charisma zu suchen. Einzelne symbolträchtige Änderungen erfolgten in der Gesellschaft Jesu recht schnell, beispielsweise griff nun die Praxis um sich, statt klerikaler Kleidung nur noch Zivil zu tragen. Auch ein neuer Geist des Zusammenlebens hielt Einzug, der nun statt auf Hierarchie, Ordnung und Strenge auf Freundschaft, «Öffnung der Herzen» und persönlicher Vertrautheit basierte. Noch während des Konzils beschloss der Orden zudem eine Demokratisierung seiner Repräsentationsstrukturen, indem das bisher strikt geltende Anciennitätsprinzip für die Beteiligung an den Provinzialkongregationen aufgebrochen wurde. Eine wichtige Änderung war außerdem, dass der Atheismus nun nicht mehr nur Thema für Apologetik und Polemik war, sondern als ein Element der modernen Welt gesehen wurde, das eine ernsthafte philosophische und pädagogische Auseinandersetzung verdiente. Neue Ordenseinrichtungen wie das Institut *Fe y secularidad*, «Glaube und Säkularität», in Spanien wurden zu wichtigen Plattformen für eine neue, offenere Begegnung mit dem modernen Säkularismus.

Das Konzil setzte somit auch innerhalb der Gesellschaft Jesu enorme Reformenergien frei, die allerdings aus Sicht vieler Zeitgenossen schnell über das Ziel hinauszuschießen drohten. Denn das Zweite Vatikanum bedeutete keineswegs ein uneingeschränktes Einschwenken auf den Zeitgeist, was sich besonders explosiv in der Sexualethik zeigte. Mit der Enzyklika *Humanae vitae* von 1968 bekräftigte der Vatikan bereits kurz nach dem

Konzil unmissverständlich seine restriktive Haltung zur Verhütung – was für viele Beobachter einen Bruch, eine Abkehr vom Geist des Konzils bedeutete. Enttäuschung und Unverständnis machten sich breit, auch bei vielen Ordensleuten. Jesuiten, die in ihren Gemeinden oder in der Einzelseelsorge die privaten Nöte der Gläubigen mit diesem Thema und der lehramtlichen Entscheidung kennenlernten, hatten nun, im Zeitalter der kirchlichen Erneuerung, erst recht große Schwierigkeiten, diese traditionelle Position noch zu vertreten. Viele Patres gingen in ihrer seelsorgerlichen Alltagspraxis auf Distanz zum neuerlichen Verbot, jedenfalls soweit das möglich war, und zogen dafür Kritik auf sich. Die Grenzen des kirchlichen *aggiornamento* waren heftig umstritten.

Reformeifer und Radikalität

Die Jesuiten führten den Reformgeist in der Kirche auch sonst in kontroverse Bereiche. Unter Arrupe nahm der Orden zunächst einmal schlicht Abstand davon, die traditionelle Gegnerschaft gegen den Kommunismus immer neu zu bekräftigen. Führende Jesuiten suchten nun stattdessen den konstruktiven Dialog. Karl Rahner beispielsweise reiste in den 1970er-Jahren häufig in den Ostblock, nicht zuletzt um eine neue Diskussion mit dem dortigen zeitgenössischen Atheismus anzustoßen. Im Einklang mit damals neuen wissenschaftlichen Tendenzen – und zugleich heftig umstritten – erlaubte General Arrupe außerdem auch explizit, Elemente marxistischer Gesellschaftsdeutung zum besseren Verständnis der sozialen und politischen Realitäten anzuwenden (z. B. in seinem Rundbrief vom 8.12.1980).

Unter dem Eindruck eines derartig veränderten Blicks auf die soziale Wirklichkeit wurde 1968 ausgehend von Lateinamerika die soziale Verantwortung der Katholiken in epochemachender Weise neu definiert. In diesem Jahr traf sich Arrupe in Rio de Janeiro mit etwa vierzig Jesuiten aus Europa und Lateinamerika. Das Resultat des Treffens, der berühmte «Brief aus Rio», klagte in kurzen, aber deutlichen Worten die sozialen Ungerechtigkeiten und Probleme der modernen Welt an, und zwar in einer für

Kirchenvertreter ungewöhnlich modern klingenden, direkten Sprache: Vom demographischen Wachstum über die implizit «rassistische» Diskriminierung indigener Bevölkerungsgruppen bis zu den ambivalenten Folgen moderner Technologie reichte das Panorama. Dabei wurde «das soziale Problem» als genuin theologisches Thema neu formuliert, denn soziale Ungleichheit wurde nun als Hindernis für individuelle Glaubensausübung und damit letztlich als Beeinträchtigung individueller Heilswege verstanden. Nicht nur in der Rhetorik, sondern auch im drängenden theologischen Duktus unterschied sich dieses Dokument deutlich von Janssens stärker am traditionellen karitativen Denken orientierten Rundbrief zum Sozialapostolat von 1949, selbst wenn sachliche Diagnosen im Einzelnen auch dort schon scharf formuliert worden waren. Der aufrüttelnde «Brief aus Rio» wurde wenig später durch die Abschlussdokumente der lateinamerikanischen Bischofskonferenz, die ebenfalls 1968 im kolumbianischen Medellín getagt hatte, bestärkt. Die neue sozialkritische Bewegung der Befreiungstheologie hatte damit die Aufmerksamkeit der Öffentlichkeit erlangt. Sie wurde in den folgenden Jahrzehnten zu einer einflussreichen, allerdings auch sehr umstrittenen Denkrichtung innerhalb der katholischen Kirche. Große Gruppen von Jesuiten – wiewohl nicht unbedingt Schöpfer der Bewegung im engen Sinn – waren von Anfang an wichtige Akteure darin.

Die «Gesamtheit unseres Apostolats» wollte Arrupe an dieser neuen Position ausrichten. Was das genau heißen sollte, war nicht ohne Weiteres klar. Der Orden brauchte eine weitere Generalkongregation 1974/75, um die Vielzahl der neuen Überlegungen und Initiativen zu sortieren, eine Auswahl zu treffen und vor allem eine überzeugende und zukunftsfähige eigene Position im Strudel der allumfassenden Veränderungen zu finden. Das bekannteste Ergebnis dieser ordensinternen Identitätssuche ist die pointierte Formel, «die Mission des Ordens besteht im Dienst am Glauben, wofür die Beförderung von Gerechtigkeit eine absolute Voraussetzung ist» (CG XXXII, nr 4). Diese intrinsische Verbindung von Glaube und Gerechtigkeit wurde zum spirituellen Rückgrat des modernen Jesuitenordens.

Manche Jesuiten schlussfolgerten hieraus, dass man radikale Maßnahmen ergreifen müsse. Sollte man nicht sofort diejenigen Schulen des Ordens schließen, die traditionell vor allem den reichen Eliten gedient hatten? In Mexiko wurde mit Rückendeckung Arrupes aus solchen Überlegungen heraus das prestigeträchtige *Instituto Patria* durch den dortigen Provinzial 1976 geschlossen, und zwar mit der ausdrücklichen Begründung, dass man dem dort gepflegten Bildungsideal keine Überwindung der sozialen Ungerechtigkeit mehr zutraue. Im Nicaragua der späten 1970er- und 1980er-Jahre führte der neue Geist des Ordens einzelne Jesuiten wie Fernando Cardenal dazu, in der linksgerichteten Widerstandsbewegung der Sandinistas mitzuwirken. Nach deren militärischem Sieg über die Diktatur des Somoza-Clans leitete Cardenal zunächst eine massive und weitgehend erfolgreiche Alphabetisierungskampagne der Bevölkerung, ehe er als Minister für Bildung ins Kabinett einzog – was seinen Ausschluss aus dem Orden zur Folge hatte. Auch der amerikanische Jesuit und pazifistische Aktivist Dan Berrigan provozierte zusammen mit seinem Bruder Phil in seiner Heimat durch zahlreiche Aktionen offizielle Kirchenvertreter und staatliche Autoritäten. 1968 zerstörte er öffentlichkeitswirksam aus Protest gegen den Vietnamkrieg Musterungsakten, 1980 startete er eine Serie von plakativen Aktionen gegen Rüstungskonzerne. Ganz andere Formen nahm die neue Ausrichtung des Ordens dagegen im *Jesuit Refugee Service* (JRS) an, einem Herzensprojekt von Arrupe. 1980 vor dem Hintergrund der Krise um die vietnamesischen *Boat People* gegründet, ging es dieser ordensnahen Nichtregierungsorganisation nicht nur um materielle Hilfe, sondern vor allem auch um die institutionalisierte Vertretung der Rechte und Anliegen von Flüchtlingen. In der Sorge für Flüchtlinge sah Arrupe einen wesentlichen Beitrag zur Umsetzung der Gerechtigkeitsforderung in der Gegenwart.

Kontroversen und Konflikte

Manchen Jesuiten gingen die Veränderungen noch immer nicht weit genug. Etliche afrikanische Patres fanden Arrupes bereits tief greifende Umstrukturierung der regionalen Ordensorganisation (Gründung der Afrikanischen Assistenz 1971) noch zu «neokolonial». Daneben gab es aber auch konservative Gegner. Der prominenteste – und ein besonders drastischer – Fall von ordensinterner Opposition gegen Arrupe und den neuen Kurs war eine Abspaltungsbewegung in Spanien. Unter dem Namen «Jesuiten in Treue» (*Jesuitas en fidelidad*) gruppierten sich konservative Kritiker des Generals, die mit dem Gedanken einer Separation liebäugelten. Viele andere Jesuiten waren durch den Wirbel der Zeit einfach nur verunsichert und beklagten den Verlust klarer Orientierung. Oft waren die ordensinternen Divergenzen das Resultat von Generationsunterschieden, bisweilen aber auch von unterschiedlichen institutionellen oder sozialen Umwelten. Theoretisch ambitionierte Patres, die in den sozialen Forschungszentren arbeiteten, sahen die Dinge anders als solche, die alltägliche Seelsorge in armen Stadtteilen leisteten, und wieder anders als solche, die in wohlhabenden städtischen Pfarreien tätig waren oder in vatikanischen Gremien arbeiteten.

Auch außerhalb des Ordens gab es vielfältige Reaktionen. Einerseits wurden die Jesuiten mit ihrer neuen oppositionsbereiten Deutlichkeit geradezu zu Ikonen der systemkritischen Alternativkultur. Arrupe, der rastlos um den Globus reiste, gerne öffentlich auftrat und regelmäßig mit Reportern sprach, wurde zu einer Art Popstar des Katholizismus, der es mehrfach auf die Titelseite von Illustrierten schaffte (z.B. *Der Spiegel* 44/1965; *Time Magazine* 1973). Ähnlich Dan Berrigan, der nicht nur das Cover des *Time Magazine* (25.1.1971) zierte, sondern zusammen mit seinem Bruder auch auf der Liste der zehn meistgesuchten Männer des FBI landete. Der bekannte Kinofilm *The Mission* (GB, 1986) von Roland Jaffé mit Roberto de Niro, Jeremy Irons und Liam Neeson in den Hauptrollen griff nicht nur im historischen Gewand die antikoloniale Agenda der Zeit begeistert auf, sondern zeigte dazu passend auch Dan Berrigan in einer Nebenrolle.

Anderswo sah man die Dinge anders. Die autoritären oder rechtsgerichteten Diktatoren insbesondere in Mittel- und Südamerika wandten sich vielerorts auch gewaltsam gegen die Jesuiten und andere Aktivisten für soziale Gerechtigkeit. Arrupe hatte klar erkannt, dass die neue Haltung des Ordens und sein verstärkter Kampf gegen Ungerechtigkeit zu heftigen Spannungen mit autokratischen Machthabern führen würden – und er sollte recht behalten. Aus politischen Gründen wurde in El Salvador 1977 Rutilio Grande im Auftrag der Großgrundbesitzer ermordet; 1989 erschossen Schergen der Regierung eine Gruppe von sechs Jesuiten um den Befreiungstheologen Ignacio Ellacuría zusammen mit zwei Hausangestellten.

Im Vatikan wuchsen ebenfalls Zweifel am Kurs von Arrupe, die ab 1978 noch einmal lauter wurden, als mit Karol Józef Wojtyła ein polnischer Oppositioneller und heftiger Gegner des dortigen kommunistischen Regimes zum Papst gewählt wurde. Das Verhältnis des Vatikans zum Orden kühlte unter Johannes Paul II. merklich ab, und es gab Spekulationen über eine mögliche Absetzung Arrupes. Dazu kam es allerdings nicht, denn 1981, auf dem Heimflug von Thailand nach Rom, erlitt der Ordensgeneral einen schweren Schlaganfall, der zu halbseitiger Lähmung führte und Arrupes Sprachfähigkeit stark einschränkte. Der General lebte zwar noch bis 1991 zurückgezogen in der Ordenskurie in Rom, doch zur Ausübung seines Amts war er nicht mehr in der Lage. In dieser Situation erbat er die Wahl eines Nachfolgers – was der Papst jedoch zunächst untersagte. Stattdessen unterstellte Johannes Paul in einem vorbildlosen Akt den Orden 1981 und 1982 einem von ihm ausgewählten Sonderbeauftragten, dem italienischen Jesuiten Paolo Dezza, der vor allem als Professor für (thomistische) Philosophie an der päpstlichen Universität in Rom bekannt war. Dezza war sicherlich ein Gegenmodell zu den radikalen, aufbruchsfreudigen Patres seiner Zeit, aber er war dennoch kein verständnisloser Hardliner. Letztlich schaffte es Dezza in erstaunlich kurzer Zeit, ohne einschneidende Maßnahmen die aufgeregte Atmosphäre zu beru-

Der Jesuitengeneral Pedro Arrupe 1965 auf einem *Spiegel*-Cover

higen. Die Phase der außergewöhnlichen päpstlichen Verwaltung ließ zwar im Orden vielfach Misstrauen, Unverständnis und Enttäuschung zurück, doch 1983 konnte auf der 33. Generalkongregation ein Nachfolger für Pedro Arrupe gewählt werden.

Neue Moderation

Der neue General Peter Hans Kolvenbach war weniger ein Kompromisskandidat denn ein Repräsentant eines in den hitzigen Konflikten der Zeit vielleicht zu oft übersehenen Mittelwegs zwischen den Extremen. In Belgien geboren, kam auch er aus der Peripherie nach Rom. Kolvenbach hatte lange im Nahen Osten gearbeitet – er verstarb auch in Beirut – und sich vor allem als Linguist einen Namen gemacht. Er hatte gerade nicht an der öffentlich ausgetragenen Identitätssuche des Katholizismus und des Ordens teilgenommen. Mit ihm übernahm vielmehr ein Jesuit die Führung des Ordens, der aufgrund langer Erfahrung in einer außerordentlich komplexen Weltregion höchst sensibel für die politischen und ideologischen Konflikte der Zeit war und sich in diesen mit moderater Klugheit zu bewegen gelernt hatte.

Auch wenn der Übergang von Arrupe zu Kolvenbach einen Temperamentswechsel an der Ordensspitze bedeutete, so wich der neue General inhaltlich de facto kaum vom Kurs des Vorgängers ab. Die Ausrichtung des Ordens an «Glaube und Gerechtigkeit» bestand fort und wurde weiter entfaltet. Wichtig waren dabei Ergebnisse der 34. Generalkongregation 1995. Hier wurde die Festlegung auf Gerechtigkeit angereichert mit der zusätzlichen Bestimmung, dass zur Gerechtigkeit auch eine starke Form von kultureller Flexibilität und Offenheit gehören sollte, die seither unter dem Stichwort «Inkulturation» bekannt ist. Der Gedanke hatte bereits ältere Wurzeln und ergab sich organisch aus Arrupes Programm. Arrupe selbst hatte 1978 auf Anregung der 32. Generalkongregation einen wichtigen Rundbrief zum Thema verfasst, in dem er beispielsweise die europäischen Jesuiten in Afrika ermahnte, sie müssten zukünftig mehr auf die einheimischen Katholiken und Jesuiten «hören». Diese Tradition wurde durch die exponierte und rhetorisch appellative Darstellung auf der 34. Generalkongregation noch einmal entscheidend verdichtet und aktualisiert. In expressiver Formulierung werden im einschlägigen Dekret 2 Gerechtigkeit, Glaube und Inkulturation im Modus des dauernden «Dialogs» kreisförmig aus einander abgeleitet.

Dass die lange Ära unter Kolvenbach im Unterschied zum Generalat Arrupes bei aller Kontinuität weniger durch den Gestus der Neuerfindung, des Bruchs und der symbolträchtigen Aktionen geprägt war, hatte viele weitere Gründe. Der postmoderne Verlust von Eindeutigkeit der 1980er- und 1990er-Jahre, der schließlich auch die klaren Deutungsmuster des (sozial-)politischen Aktivismus aufweichte, mag dafür mit verantwortlich gewesen sein. Manche Jesuiten diagnostizierten eine Fragmentierung der Tätigkeiten, einen Verlust an klarer spiritueller Zielrichtung, wie sie noch unter Arrupe die neue Begeisterung für

«Gerechtigkeit» geboten hatte. Dieser Eindruck mag nicht zuletzt ein Resultat schwindender Ressourcen bei wachsenden Aufgaben gewesen sein. Die Mitgliederzahl des Ordens ging seit Jahrzehnten stark zurück, immer weniger Novizen traten ein, immer mehr Eingetretene verließen den Orden – oft nach vielen Jahren und in bleibender Freundschaft. Dies brachte neue Herausforderungen mit sich, beispielsweise hinsichtlich des notwendigerweise wachsenden Anteils von Laien in den großen Ordensprojekten. 1995 wurde auf der Generalkongregation deshalb auch ein eigenes Dekret zur Kooperation mit Laien erlassen. Im *Jesuit Refugee Service* arbeiten Jesuiten schon länger eng mit Laien zusammen.

Dieses Modell starker laikaler Unterstützung wurde auch für die Hochschulen des Ordens wegweisend. Hatte General Ledóchowski in seiner Instruktion von 1934 für die amerikanischen Schulen und Universitäten Laien als Lehrer und Professoren noch für eine schwierige Ausnahme gehalten, so haben moderne Ordensschulen heute umgekehrt nurmehr einen kleinen Kernbestand an jesuitischem Personal. Parallel zur Öffnung für stärkere laikale Beteiligung erlebten die (amerikanischen) Jesuitenuniversitäten auch einen intellektuellen und organisatorischen Modernisierungsschub, der 1967 in einem Grundsatzpapier (*Land O' Lakes Statement*) angeregt worden war. Die Universitäten des Ordens wurden zu selbständigen Körperschaften mit einem *Board of Trustees*, das vor allem von Laien besetzt wird. Erst durch diese lange vorbereiteten, jedoch immer wieder verschobenen Veränderungen konnten katholische und jesuitische Universitäten in den letzten Jahrzehnten teilweise in die Elite des amerikanischen Hochschulwesens aufsteigen.

Kolvenbach investierte viel Energie, um den dergestalt professionalisierten Ordenshochschulen trotz aller neuen Unabhängigkeit ein genuin jesuitisches geistiges Profil zu bewahren oder (wieder) zu geben. Dazu entwickelte er in verschiedenen einflussreichen Reden vor allem gegen Ende seines Generalats im Rückgriff auf den frühneuzeitlichen Jesuitenpädagogen Diego de Ledesma ein neues Leitbild. Nach diesem «Ledesma-Kolvenbach Modell» sollten die Bildungsaktivitäten des Ordens vier große Ziele vor Augen haben: Sie sollten «praxisrelevant und sozial, humanistisch und religiös» (analog zu den Werten *utilitas, justitia, humanitas, fides*) sein. Verdichtet wurde dies im heute populären Grundgedanken, dass jesuitische Bildung zuallererst eine *cura personalis* sei: die umfassend zu verstehende Entwicklung einer vollen Persönlichkeit mit sozialer Verantwortung.

Ein Jesuit wird Papst

2008 bat General Kolvenbach Papst Benedikt XVI. aus Altersgründen um die Erlaubnis zum Rücktritt. Für einen Moment scheinen der Papst und seine Berater erwogen zu haben, noch einmal ähnlich wie 1981 gegen den Orden vorzugehen. Denn kurz zuvor, im Jahr 2006, hatte die Widerständigkeit der lateinamerikanischen Jesuiten erneut hohe Wellen geschlagen, als der Befreiungstheologe Jon Sobrino von der Glaubenskongregation gemaßregelt wurde. In dieser Situation wurde ein südamerikanischer Jesuit und Kardinal um seine Meinung gebeten – Jorge Mario Bergoglio aus Buenos Aires –, auf dessen Empfehlung hin Benedikt dann von Repressionen gegen den Orden absah. Ein neuer Jesuitengeneral wurde gewählt, Adolfo Nicolás, wieder ein Spanier, der die meiste Zeit seines Lebens in Japan verbracht hatte.

Dass Bergoglio selbst einige Jahre später zum Papst gewählt wurde, brachte die Jesuiten erneut ins Zentrum römischer Kirchenpolitik – nun allerdings seit langer Zeit erstmals wieder in positiver Weise. Zunächst galt Bergoglios Verhältnis zu seinem eigenen Orden zwar als schwierig und zerrüttet. Er hatte als junger Jesuitenoberer in Argentinien eher unglücklich agiert. Bergoglio hatte die radikale und modernistisch-theoretische Ausrichtung vieler Mitbrüder nach dem Zweiten Vatikanischen Konzil abgelehnt und sich eher alternativen Formen des sozialen Apostolats gewidmet. Als Provinzial hatte Bergoglio gegenüber der Diktatur in Argentinien einen umstrittenen Kurs vertreten, der bei aller Opposition zu den Machthabern doch immer darauf geachtet hatte, keine vollständige Konfrontation zu bewirken, um die Möglichkeit zu Gesprächen offen zu halten. Manche Jesuiten, die von der Regierung verfolgt wurden, fühlten sich damals von ihm zu wenig unterstützt, manche sogar verraten, doch wurde Bergoglio 2013 von seinem Mitbruder Franz Jalics, einem der überlebenden Betroffenen, ausdrücklich entlastet.

Es ist unübersehbar, dass Papst Franziskus einerseits insofern kein «jesuitischer» Papst ist, als er nicht besonders prominent auf seinen Orden als bevorzugte Ressource zurückgreift. Andererseits hat er in diversen Interviews und Veröffentlichungen klar zu erkennen gegeben, dass seine persönliche Spiritualität und seine Glaubensüberzeugungen doch in Vielem auf der jesuitischen Tradition aufbauen, von den Exerzitien bis hin zur prominenten Rolle der Arbeit für die Armen und Außenseiter. An seiner tiefen jesuitischen Prägung kann bei allen Konflikten und Brüchen in seiner Ordensbiographie kein Zweifel bestehen. Dass die Bergoglio-Zeit deshalb auch als Beginn einer neuen Phase der Ordensgeschichte anzusehen ist, ist damit allerdings nicht automatisch gesagt.

Für die zukünftige Entwicklung des Ordens gibt es gegenwärtig ganz verschiedene Ausgangspunkte. Einerseits sind Probleme unübersehbar. Die Mitgliederzahlen schrumpfen weiter, die Überalterung des Ordens ist eine evidente Gefahr. Die Missbrauchsskandale haben auch die Gesellschaft Jesu vielerorts in Bedrängnis gebracht und schwere Krisen ausgelöst. Andererseits schreitet die Globalisierung des Ordens unverkennbar voran. Die weltumspannende Vernetzung lokaler jesuitischer Aktivitäten zu übergreifenden Kooperationen ist ein wichtiges Thema, nicht nur in Fragen der Bildungspolitik. 2016 wurde mit Arturo Sosa aus Venezuela erstmals ein Nicht-Europäer zum General gewählt. Auch heute ist die Gesellschaft Jesu – wie immer in ihrer Geschichte – dabei, durch Experimente und neue Initiativen auf die Umstände veränderter Zeiten zu reagieren.

Zeittafel

1491–1556	Ignatius von Loyola
1521	Belagerung Pamplonas und Verwundung
1521–1523	Reisen in Spanien und ins Heilige Land
1534	Messe auf dem Montmartre
1540	Paul III.: *Regimini militantis ecclesiae*
1558	Erste Generalkongregation: Verabschiedung der *Constitutiones*
1542–1552	Missionarstätigkeit Franz Xavers in Asien
1593	Verbot des Ordenseintritts für jüdisch- und muslimischstämmige «Neuchristen»
1594–1603	Verbot des Ordens in Frankreich
1599	*Ratio Studiorum* und *Directorium* für die Exerzitien
1618–1648	Dreißigjähriger Krieg
1622	Heiligsprechung von Franz Xaver und Ignatius. Gründung der päpstlichen Missionskongregation *De Propaganda Fide*
1640	*Imago primi saeculi*
1643	Antoine Arnauld, *De la fréquente communion*
1657/58	Blaise Pascal, *Lettres provinciales*
1645	Erstes Verbot der «Chinesischen Riten» der Jesuiten
1701	Publikationsbeginn *Journal de Trévoux*
1704	Erneutes Verbot der «Chinesischen Riten»
1713	Bulle *Unigenitus*
1742	Erneutes Verbot der «Chinesischen Riten»
1759	Verbot des Ordens in Portugal
1764	Aufhebung in Frankreich
1767	Aufhebung in Spanien
1773	Clemens XIV. hebt den Orden weltweit mit dem Breve *Dominus ac redemptor* auf.
1789	Beginn der Französischen Revolution
1798–1815	Herrschaft Napoleons und Napoleonische Kriege
1801	Papst Pius VII. legitimiert die Existenz des Ordens in Russland mit dem Breve *Catholicae fidei.*

1814	Wiederherstellung des Jesuitenordens durch Papst Pius VII. mit der Bulle *Sollicitudo omnium ecclesiarum*
1820	Die Ordensleitung kehrt nach Rom zurück. 20. Generalkongregation und Wahl von Luigi Fortis zum General
1829–1853	Amtszeit General Roothaans
1830	Julirevolutionen in Europa
1848/49	Revolutionen in Europa. Vertreibung Pius' IX. und Roothaans aus Rom
1850	Gründung der *Civiltà Cattolica*
1854	Verkündung des Dogmas der Unbefleckten Empfängnis
1864	Pius IX. verkündet den *Syllabus errorum*
1869/70	Erstes Vatikanisches Konzil und Unfehlbarkeitsdogma
1870	Kriegerische Einigung Italiens und Aufhebung des Kirchenstaates
1872–1917	Geltung des «Jesuitengesetzes» im Deutschen Reich, Verbot des Ordens
1874–1973	Verbot der Jesuiten in der Schweiz (Verfassungsartikel 51)
1891	Sozialenzyklika *Rerum novarum*
1906	Der «Fall» Tyrell: George Tyrell wird wegen Modernismusverdachts aus dem Orden ausgeschlossen.
1915–1942	Amtszeit von General Wladimir Ledóchowski
1931	Sozialenzyklika *Quadragesimo anno*
1938	Abfassung und Nicht-Veröffentlichung der Antirassismus-Enzyklika *Humani generis unitas* von John LaFarge
1949	Rundbrief General Janssens über das Soziale Apostolat
1962–1965	Zweites Vatikanisches Konzil; *Aggiornamento*
1965–1981	Amtszeit Pedro Arrupes
1968	Brief aus Rio
1974/75	32. Generalkongregation: Glaube und Gerechtigkeit
1978	Wahl Johannes Pauls II.
1980	Gründung des *Jesuit Refugee Service*
1981–1983	Paolo Dezza als päpstlicher Beauftragter für die Leitung der Gesellschaft Jesu
1989	Ermordung der Jesuiten von San Salvador
1994	34. Generalkongregation: Inkulturation
2008	Erster Rücktritt eines Ordensgenerals (P. H. Kolvenbach)
2013	Erster Jesuit auf dem Stuhl Petri: Papst Franziskus
2016	Erster Nicht-Europäer als Ordensgeneral: Arturo Sosa

Literaturhinweise

Quellen

Grundlegende Sammlung: Monumenta Historica Societatis Iesu (http://www.sjweb.info/arsi/Monumenta.cfm).

Quellen zum Zeitraum 1850–1970: Woodstock Letters (zitiert als WL; https://jesuitonlinelibrary.bc.edu/?a=cl&cl=CL1&sp=wlet).

Ganss, George E.: The Constitutions of The Society of Jesus and their Complementary Norms, Saint Louis 1996.

Ignatius von Loyola, Geistliche Übungen und erläuternde Texte, übersetzt und erklärt von Peter Knauer, Leipzig 1988.

Ignatius von Loyola, Bericht des Pilgers, übersetzt und kommentiert von Peter Knauer, Würzburg 2015.

Literatur

Bangert, William V.: A History of the Society of Jesus, St. Louis [2]1986.

Brockey, Liam Matthew: Journey to the East. The Jesuit Mission to China 1579–1724, Cambridge 2007.

Brockey, Liam Matthew: The Visitor. André Palmeiro and the Jesuits in Asia, Cambridge 2014.

Cushner, Nicholas P.: Why Have You Come Here? The Jesuits and the First Evangelization of Native America, Oxford 2006.

Friedrich, Markus: Die Jesuiten. Aufstieg, Niedergang, Neubeginn. München 2016.

La Bella, Gianni: I gesuiti. Dal Vaticano II a papa Francesco, Mailand 2019.

La Bella, Gianni/Maier, Martin (Hg.): Pedro Arrupe, Generaloberer der Jesuiten, Freiburg 2008.

McGreevy, John T.: American Jesuits and the World. How an Embattled Religious Order Made Modern Catholicism Global, Princeton 2016.

O'Malley, John: Die ersten Jesuiten, Würzburg 1995.

O'Malley, John W. (Hg.): The Jesuits. Cultures, Sciences, and the Arts 1540–1773, Toronto 2000.

O'Malley, John W. (Hg.): The Jesuits II. Cultures, Sciences, and the Arts 1540–1773, Toronto 2006.

Schatz, Klaus: Geschichte der deutschen Jesuiten (1814–1983). 5 Bände, Münster 2013.

Schroth, Raymond A.: The American Jesuits. A History, New York 2007.

Wright, Jonathan: Die Jesuiten. Mythos – Macht – Mission, Essen 2005.

Županov, Ines G. (Hg.): The Oxford Handbook of Jesuits, Oxford 2019.

Personenregister

Bildnachweis

Seite 13: Wikimedia Commons
Seite 38: Villanova University, Falvey Memorial Library, Digital Library
Seite 39: Wikimedia Commons, aus: Custódio, Luiz Antonio Bolcato: Missões Jesuíticas. Arquitetura e Urbanismo, in: Cadernos de História nº 21. Porto Alegre: Memorial do Rio Grande do Sul
Seite 47: © akg-images / Pictures From History
Seite 109: © Stadtarchiv Neuss, D.04.G.04, Briefe des (Ex-)Jesuiten Hans Geismann
Seite 118: © DER SPIEGEL 44/1965